Padre Marcos Rogério
e Angélica Leiva

ELE ESTÁ NO MEIO DE NÓS

Editora Nova Fronteira Participações S.A.
Rua Nova Jerusalém, 345 – Bonsucesso – 21042-235
Rio de Janeiro – RJ – Brasil
Tel.: (21) 3882-8200 – Fax: (21)3882-8212/8313
www.novafronteira.com.br
sac@novafronteira.com.br

CIP-BRASIL. CATALOGAÇÃO NA FONTE
SINDICATO NACIONAL DOS EDITORES DE LIVROS, RJ

R63e

Rogério, Marcos
Ele está no meio de nós / Marcos Rogério. - 1. ed.
- Rio de Janeiro : Petra, 2015.
144 p. : il. ; 21 cm.

ISBN 978.85.220.3155-9

1. Vida cristã. 2. Deus. 3. Fé. 4. Catolicismo. I. Título.

15-22070 CDD: 248.4
CDU: 248.4

Padre Marcos Rogério
e Angélica Leiva

ELE ESTÁ NO MEIO DE NÓS

Testemunhos comoventes de curas e milagres capazes de alimentar a sua fé

petra

SUMÁRIO

SUMÁRIO

PREFÁCIO

Tenho a alegria de apresentar este pequeno livro do Pe. Marcos Rogério e o faço por gratidão a Deus, pelo dom de sua vida, de seu sacerdócio ministerial e de sua amizade. Nascemos no mesmo município, Mara Rosa – Goiás, onde Deus chamou-me para ser pároco por sete anos, período da formação seminarística do Pe. Marcos Rogério e da sua ordenação sacerdotal, no dia 23 de fevereiro de 2002, que tive a alegria de preparar com o apoio de seus estimados pais e da comunidade mara-rosense.

O pastoreio de um abnegado sacerdote é marcado por muitos sinais de Deus na sua vida e na vida do povo a ele confiado. Neste livro, o Pe. Marcos Rogério partilha dez experiências da ação misericordiosa de Deus na vida de pessoas em situação de grandes necessidades, que nos dão a certeza de que Ele está no meio de nós, e Sua ação é uma realidade que se expressa em alívio, misericórdia, perdão e desejo de servir.

Que estes singelos e profundos relatos da experiência da ação eficaz de Deus na vida das pessoas, através da ação ministerial do sacerdote que faz as vezes de Cristo, o Bom Pastor, ajudem as pessoas a confiar nas possibilidades que vêm do alto, sobretudo quando já não restam mais esperanças.

Dom Adair José Guimarães
Bispo de Rubiataba e Mozarlândia - GO

INTRODUÇÃO

Deus nos ama com amor total. Ele manifesta Seu amor supremo e incomparável na criação, na vida do Seu Filho, no dom do Espírito Santo.

Tudo começou durante uma viagem a Paris. Em uma visita à Igreja da Medalha Milagrosa, senti no coração o desejo de escrever os testemunhos e as orações que vinha experimentando nas visitas que costumo fazer. Na verdade, o desejo não era meu, mas dela, Nossa Senhora. Na fase conclusiva do livro, novamente diante da imagem de Nossa Senhora da Medalha Milagrosa, em Paris, olho para trás, lembro-me de cada relato e afirmo que *Ele está no meio de nós.*

O presente livro com dez histórias não tem como objetivo ser um tratado filosófico ou teológico da nossa fé. O objetivo dessas páginas é simplesmente revelar o poder de Deus na vida das pessoas que experimentaram a presença d'Ele caminhando em suas trajetórias.

O título *Ele está no meio de nós* nasce da certeza de que Deus se revela todos os dias a cada um de nós, que Ele tem um horário especial em que vem nos visitar. *Ele está no meio de nós* nos ajuda a entender que, por mais difícil que seja determinado momento da nossa vida, o Senhor não nos abandona, não nos deixa sós.

Cada história aqui relatada nos faz perceber que é preciso derramar nossa história diante da misericórdia do Senhor. *Ele está no meio de nós* é algo que deveríamos gritar a todo instante, para que possamos entender que a única coisa que o Senhor espera é que tenhamos a coragem de ir até Ele. O Senhor nos conhece. Sabe o que somos, por isso, sabe que cada lágrima que cai de nossos olhos é verdadeira. Tudo o que temos deve ser colocado diante d'Ele. Somos eleitos de Deus, e a única coisa que temos é a certeza de que *Ele está no meio de nós*.

Espero que a leitura de cada texto o ajude a perceber que o Senhor passeia pela nossa história, toca a nossa vida e nos faz ver as maravilhas da Sua presença.

Recebe o nosso nada, Senhor, e toma-nos em Teu colo, nos acalmando-nos em Teu peito.

AGRADEÇO A DEUS POR TER ME PERMITIDO VIVENCIAR CADA HISTÓRIA AQUI RELATADA.

Agradeço à Angélica por ter sido meus braços na escrita do livro. Por ter escutado, ter se emocionado e interpretado cada história aqui relatada. Sabemos dos conflitos e dos desafios surgidos ao longo da escrita, mas Ele estava no meio de nós. Angélica, filha amada, Deus tem muito mais para nós. Obrigado.

Padre Marcos Rogério

OS ENCONTROS SÃO ASSIM.
PODEM SER SEM IMPORTÂNCIA,
MAS PODEM SER OPORTUNIDADES
QUE NOS MOSTRAM QUE
DEUS NÃO ESTÁ LONGE DE NÓS.

CAPÍTULO 1

Encontro com o outro, encontro com Deus

Nos encontros que a vida nos proporciona, podemos perceber como Deus vai transformando a nossa existência. A vida é feita de inúmeros encontros. Encontros que nos surpreendem, encontros que nos trazem alegria, encontros que nos enriquecem. Através do encontro de duas ou mais vidas, vamos nos redescobrindo a cada dia.

Na correria da nossa vida, muitas vezes não percebemos que cada encontro que temos com o outro pode ser um caminho que Deus nos proporciona para mudar radicalmente a nossa existência. O testemunho que você lerá nas próximas linhas mostrará a força que um simples encontro pode ter sobre a sua história, assim como teve sobre a minha.

Falar sobre encontros me faz lembrar de duas passagens bíblicas, de dois encontros nos quais pessoas deixaram-se tocar pelo poder de Deus. Uma delas é a história da mulher que se encontra com Jesus no poço e se permite viver aquele momento, acolhendo a Sua palavra. Ela estava à procura de água e, provavelmente, ela devia ter muitas atribuições. No entanto, ao se deparar com Jesus, ela vivenciou apenas aquele momento e foi saciada não somente com a água de beber, mas com a água viva que jorrava diante dela, direto da fonte do coração de Jesus.

A outra passagem é a visita de Jesus à casa de Marta e Maria. Um encontro entre três pessoas. Enquanto Marta preocupava-se com a refeição e todas as suas tarefas domésticas, Maria, assim como a mulher do poço, permitiu-se viver a intensidade do encontro com Jesus. Ela apenas se sentou e ficou parada, escutando, aprendendo, vivendo um momento de pura graça. Maria, ao contrário de Marta, entregou-se ao que Jesus lhe propôs ser naquele instante.

Os encontros são assim. Podem não ter importância, mas podem ser oportunidades que nos mostram que Deus não está longe de nós. Precisamos nos abrir para a vontade de Deus porque, em meio a encontros marcados ou inesperados, podemos nos deparar com encontros determinados pela Sua graça. E quando isso acontece, percebemos que existem pessoas que chegam para transformar a nossa existência, pessoas que podem nos fazer enxergar um novo sentido para a nossa vida.

Quantas pessoas já passaram pela sua vida? Quantos encontros você já teve? Quantas pessoas permaneceram e quantas já se foram? Nos encontros carregados da graça de Deus, pude perceber que aquilo que fica eternizado em mim é a verdade que grita na vida do outro. É aquilo que Deus cuidadosamente coloca no meu coração através da vida do meu irmão.

Antes de uma missa da misericórdia, na Paróquia Nossa Senhora da Assunção, em Goiânia, um ministro da eucaristia me interrompeu enquanto eu me revestia e me avisou que um menino queria me ver. Na paróquia, muitas pessoas têm o hábito de se referir aos paroquianos como meninos e meninas, independente da idade; então, logo perguntei : "Quantos anos tem esse menino?" O ministro me disse que ele tinha seis anos e se chamava Gabriel. Quando ouvi o nome Gabriel, eu disse: "Gabriel? Gabriel significa boas notícias e, se ele quer me ver antes da missa, peça para ele entrar."

Assim que Gabriel entrou, olhou para mim e disse: "Padre, olha aqui na minha cabeça." Eu olhei e lá estava uma cicatriz muito grande. Imaginei que ele tivesse passado por uma cirurgia. Então, ele me disse: "Padre, tem um câncer bem grandão, do tamanho de uma bola, e ele está aqui dentro, ele não sai". Eu disse: "Você veio falar com o padre porque quer que o padre reze hoje na missa para você ser curado, não é isso?" Foi aí que ele me surpreendeu. A resposta dele foi um "não". Ele disse: "Não! Eu vim aqui porque Deus pediu para eu contar para o senhor que Ele está me curando bem devagarzinho, bem devagarzinho." E assim foi o meu encontro com o Gabriel.

Continuei me revestindo, enquanto a voz dele gritava "bem devagarzinho" no meu ouvido e no meu coração. Comecei a perguntar ao Senhor o que Ele queria me dizer com aquele encontro. Tudo aquilo que eu havia preparado para a celebração através da oração tinha ido embora. A única coisa que gritava em mim era "bem devagarzinho".

Fui para o altar e comecei a missa, mas eu não conseguia parar de pensar em tudo o que aquele menino de seis anos tinha falado para mim. Eu sabia que Gabriel estava lá e, quando percebi, eu já estava falando para a assembleia que eu precisa chamar uma pessoa para contar algo muito importante naquela noite. "Gabriel, vem aqui e fala para todo mundo o que Deus disse para você." Ele aceitou o meu convite e falou tudo de novo com a mesma inocência e confiança. "Olha, tenho um câncer grande, mas Deus está me curando bem devagarzinho." Aquele momento tocou o coração de todos que estavam na missa.

Dias depois, eu estava em casa e a mãe de Gabriel me ligou. Perguntei como ele estava e ela me disse: "Padre, estamos aqui no Hospital do Câncer. Sabe aquele tumor de cinco centímetros? Ele está com meio centímetro. Só meio centímetro, padre. O médico disse que isso é uma graça, é um milagre. Eu não sei o que está acontecendo." Imediatamente, Gabriel pegou o telefone e falou: "Padre, eu sei o que está acontecendo. É Deus. É Deus que está me curando. É aquilo que eu falei para o senhor. É Deus que está me curando bem devagarzinho."

Em momentos como esse é que a gente vai percebendo como a graça de Deus é bonita, e que ela acontece como e quando Ele estipula. Descobrimos que não é preciso ter pressa. E esse é um dos nossos grandes desafios. A gente tem pressa para tudo. Programamos a nossa vida e insistimos em encontros com data e lugares marcados. Você já parou para pensar que não temos mais tempo para nos sentarmos com as pessoas? Não temos tempo para uma conversa. Não temos tempo para aquilo que move a nossa vida. São raros os momentos em que podemos deixar o outro ser o outro, assim como aconteceu com Gabriel naquele encontro. Aos olhos do mundo e da nossa correria, ele era apenas um menino, mas naquele momento ele era muito mais do que isso, era o escolhido por Deus para ser o mensageiro de uma boa-nova na vida dele e de um sinal de esperança nas nossas vidas. Foi naquele encontro que Deus me mostrou o que Gabriel sentia e, através do sentimento dele, eu pude enxergar o que nos impede de viver momentos carregados da graça de Deus. Fico pensando na oportunidade que eu teria perdido se não tivesse me aberto para aquele encontro.

Não tenha pressa diante da vida. Não tenha pressa diante das coisas de Deus. O mundo nos faz ter pressa. Tudo tem que ser rápido. Tudo é para ontem, mas o que Deus nos diz com a história do Gabriel é que Ele faz tudo no tempo d'Ele, que pode ser rápido, mas também pode ser bem devagarzinho. É preciso saber esperar, saber confiar e saber aceitar as demoras de Deus. Devagarzinho Ele vai restaurando a sua vida, a sua casa, a sua família. É devagarzinho que Ele vai te concedendo a cura e a libertação, e muitas vezes tem que ser devagarzinho para que a gente possa se encontrar. O encontro com o outro é mais fácil, mas o encontro conosco e com Deus exige de nós um mergulho profundo na nossa alma, na nossa existência. Quando nos damos a oportunidade desse encontro, podemos ouvi-Lo falando "filho, é bem devagarzinho que vou transformar a sua vida". Você já se encontrou com Deus e experimentou essa graça que vem d'Ele? Deixe a correria de lado e acolha aquilo que Ele tem para você. Porque é no encontro com Ele que a sua vida é transformada.

ORAÇÃO POR UM ENCONTRO COM JESUS

Senhor Jesus, eu quero me encontrar Contigo, olhar em Teus olhos e me envolver em Teus braços. Quero Te conhecer, Senhor, saber os Teus segredos e me encher da Tua presença. Jesus, eu me coloco em Tuas mãos. Direciona a minha vida, guia-me pelas veredas da justiça, mostra-me os Teus caminhos, Senhor. Eu Te peço nessa hora que o Senhor caminhe comigo. Tenho medo de dar passos, Senhor. Tenho medo de me arriscar. Senhor, olha para mim nesse momento.

Quero me apaixonar pelo céu, pelas coisas do céu. Quero ser Teu amigo, ficar mais na Tua presença. Reconheço, Senhor, que eu preciso de Ti. Eu preciso do Teu amor. O Senhor é o ar que eu respiro, a respiração que me traz vida, que me dá paz, que me dá alegria, que me dá a certeza da vitória. Jesus, amor da minha vida, o meu futuro Te pertence, a minha família Te pertence. Invoco o Teu santo nome. Eu espero em Ti. Sei que todo o céu está se movendo, lutando por mim.

Quero sorrir, Senhor, preciso amar. Quero correr, quero ser livre de toda a opressão do mal. Em Teu nome, eu não aceito mais em minha vida nenhum tipo de pensamento, nenhum tipo de sentimento que queira me retirar da Tua presença.

Caia agora, Senhor, por terra, toda força do mal que queira me prejudicar, que queira amarrar a minha vida e a vida da minha família. Pela força do Teu amor, Senhor, que eu seja liberto(a), livre para crescer em Ti e para ir ao Teu encontro e ao encontro daqueles que precisam de mim. O Teu amor me alcançou, Senhor. Eu Te encontrei e jamais vou Te deixar. Eu Te amo, Senhor, eu Te adoro agora e para sempre.

Amém.

SÓ O PERDÃO É CAPAZ
DE ABRIR O NOSSO CORAÇÃO PARA
EXPERIMENTAR A GRAÇA.

CAPÍTULO 2

Perdoar para ser perdoado, curado, liberto e restaurado

"Perdoai as nossas ofensas, assim como perdoamos a quem nos tem ofendido." É com esse pedido de perdão a Deus, e com essa promessa da prática da misericórdia que quero começar a falar sobre um grande desafio das nossas vidas. Quero falar sobre o perdão, o perdão verdadeiro, que vai muito além de um pedido de desculpas ou de uma satisfação. Quero falar sobre saber perdoar o outro, saber perdoar a si mesmo e ter a capacidade de pedir perdão.

O perdão é dom, é gratuidade e é um exercício de entrega profunda. O perdão é um sinal concreto do amor de Deus que pode florescer em nossas vidas, se permitirmos. Ele é a condição que nos é exigida para alcançarmos a nossa libertação. Posso afirmar que uma pessoa que não sabe perdoar não consegue alcançar aquilo que Deus tem de melhor para a sua vida.

O ato de perdoar exige coragem e uma atitude verdadeira. Muitas são as vezes em que as pessoas perdoam os outros da boca para fora. Porém, o perdão tem que brotar do coração e vir acompanhado por atitudes concretas. Podemos até enganar o outro, mas Deus conhece as nossas intenções mais profundas, e na mesma medida que perdoamos seremos perdoados.

Muitas pessoas confundem perdoar com esquecer. E é justamente aí que está o grande desafio. Quando se perdoa alguém, não se esquece do que foi feito e por isso é tão difícil. Perdoar é simplesmente acolher a dor do outro em um momento em que a nossa dor parece ser bem maior. É quando temos a capacidade de esconder aquilo que somos ou esconder as dores que sentimos para acolher a dor do outro.

Não há como falar do perdão sem me lembrar da história do pequeno Alex. Eu o conheci quando ele tinha apenas quatro meses de vida. Fui chamado pelos seus pais, dois médicos renomados, para uma visita ao hospital onde ele estava internado desde que nasceu. Ele nunca havia saído de lá e, apesar de tantos cuidados, do conhecimento dos pais e dos recursos disponíveis, ninguém sabia qual doença o afetava.

Quando cheguei à UTI neonatal, um médico me disse: "Padre, esse menino não tem nada. Tentamos diagnosticar uma doença e não descobrimos nada, mas ele não pode ir embora porque não consegue respirar sozinho." Chamei os pais para fazermos uma oração. Pedi que eles colocassem as mãos no coraçãozinho do bebê. Quando estávamos em oração, Deus me disse claramente que aquela família precisava experimentar a graça do perdão.

Continuei rezando, olhei para a mãe do menino e perguntei: "Filha, o que está acontecendo entre você e a sua irmã?" Ela começou a chorar e pude perceber que o marido não sabia qual era o problema. Então, ela disse: "Quando eu estava grávida, tivemos uma discussão muito séria, e ela chegou a dizer que nunca mais queria me ver grávida e que nunca iria querer ver o meu filho."

Naquele momento pude perceber que aquele bebê estava ali com a missão de restaurar aquela família. Pedi para chamarem a irmã até a UTI. A mãe disse que a irmã não atenderia ao pedido. Lembro-me do pai dizendo: "Padre, eu vou buscá-la onde for preciso, mas ela terá que vir porque o meu filho não pode continuar aqui."

No dia seguinte, voltei ao hospital. Quando cheguei, percebi que éramos oito pessoas naquela UTI. A permissão para que oito pessoas permanecessem ali, para mim, já era o sinal do milagre de Deus na vida daquela família. Rezei com todos eles pedindo a graça da presença do Espírito Santo e o dom do perdão. Pedi que aquela mulher pudesse abandonar toda mágoa, toda dor, toda angústia e pudesse dar uma chance para ela mesma. Ao final da oração, ela abraçou a irmã e disse: "Peço perdão por tudo o que eu falei e por tudo o que guardei no coração. Muitas vezes quis te ver, senti vontade de estar aqui com você."

No outro dia, pela manhã, recebi um telefonema do pai do pequeno Alex. Emocionado, ele me disse que o filho tinha acabado de sair do hospital. Ele me contou que os médicos disseram: "Se vocês acreditam em milagre, o milagre aconteceu." Ao ouvir essas palavras, não me restaram dúvidas de que esse testemunho nos mostra que o perdão é a capacidade que temos de devolver a vida ao outro e a nós mesmos.

Em cada momento do evangelho, quando Jesus olhava para alguém, quando Ele curava alguém ou quando Ele tocava em alguém, Ele dizia: "Vá e não peques mais." É preciso que saibamos dar esse passo adiante, ter a coragem de levantar a cabeça e começar uma vida nova. É preciso que você acredite que é possível virar a página e começar uma nova história. Acredite que você não é somente pecado, você também é graça. Você não é só miséria, você também é misericórdia. Você não é só tristeza, você também é alegria plena.

Como já disse, perdoar não é se esquecer da dor. Há aqueles que me dizem: "Padre, eu perdoei, mas não consigo me esquecer." A gente não se esquece, mas, diante do perdão, conseguimos rezar por aquele que nos ofendeu. Eu posso até me lembrar, mas a minha lembrança vai ser de misericórdia, e isso faz toda a diferença. Isso me liberta para receber o que Deus tem para mim.

Através do perdão, aquela criança foi curada. Assim como ela, através do perdão, podemos passar pela nossa cura, pela nossa libertação. Só o perdão é capaz de abrir o nosso coração para experimentar a graça. Como dizia Santo Agostinho: "Um coração cheio de mágoa, um coração que não sabe perdoar, é um coração que não está preparado para receber os milagres."

ORAÇÃO CLAMANDO POR PERDÃO

Senhor, quero agora, neste momento, reconhecer os meus pecados, as minhas fragilidades, para que eu possa ir ao Teu encontro. O que há de mais bonito na Tua palavra é que o Senhor nos levanta sempre que caímos, o Senhor sempre nos acolhe. Por isso, Pai amado, em nome de Jesus, quero Te pedir perdão por todos os meus pecados. Sei que o Senhor é fiel e justo para me perdoar.

Quero me colocar dentro da Tua misericórdia e pedir que o Senhor tenha compaixão de mim. Misericórdia, Senhor, porque peco, porque muitas vezes sou fraco(a) e miserável.

Senhor, erro ao permitir que a raiva, o orgulho, a inveja, a cobiça e a falta de amor tomem conta da minha existência.

Perdão por todas as vezes que eu julgo as pessoas. Perdão por todas as vezes em que deixo a preguiça falar mais alto em minha vida, por todas as vezes em que não cuido do meu corpo, não cuido do que o Senhor me dá, não cuido da existência que grita dentro de mim.

Quero agora, Senhor, pedir a Tua misericórdia e pedir que o Senhor possa visitar a minha vida e o meu coração.

Arranca de mim, Senhor, tudo que me impede de ser inteiro(a). Arranca de mim tudo o que me impede de dar uma resposta concreta ao Teu amor. Pelo Teu Preciosíssimo Sangue derramado na Cruz, eu Te peço, agora, que eu seja liberto(a) de todos os meus pecados, de tudo aquilo que me escraviza e não me deixa ir ao Teu encontro.

Estou arrependido(a), Senhor, e me humilho diante de Ti. Apaga as minhas culpas e faz de mim uma pessoa renovada pela força do Teu Espírito Santo.

Amém.

DEUS É DISCRETO E
AGE NA NOSSA VIDA,
PARA QUE SÓ DEPOIS POSSAMOS
OLHAR PARA TRÁS E PERCEBER
A GRANDIOSIDADE DE TUDO
QUE ELE OPEROU EM NOSSO FAVOR.

CAPÍTULO 3

Deus, nosso amigo íntimo e fiel

Quero partilhar com você mais um testemunho das minhas visitas aos hospitais. Dessa vez, uma visita a um hospital que trata crianças vítimas do câncer de medula. Fui chamado para um atendimento, mas, como sempre, Deus me guia e surpreende, levando-me onde Ele deseja.

Dessa vez, comecei por um quarto onde estava um menino preocupado com o joguinho que ele tinha nas mãos. Ele estava distraído, então, aproximei-me e falei: "Oi, tudo bem?", e ele me respondeu rapidamente, sem tirar os olhos do brinquedo. "Tudo bem, padre." Tentei esticar a conversa e fiz outra pergunta: "Você está animado?", e ele respondeu: "Estou muito animado, estou confiante." Saí do quarto feliz com a esperança daquela criança e quando cheguei ao corredor, deparei-me com uma mulher que me disse: "Fiquei sabendo que o senhor estava aqui e saí à sua procura. Pode visitar a minha filha, padre?" Respondi que sim, e ela me levou até o quarto da menina.

Entrei no quarto e, antes de qualquer coisa, antes mesmo que eu pudesse cumprimentar a menina, ela olhou para mim, em seguida para o pai e disse: "Tá vendo pai? Eu falei para o senhor que Jesus iria vir me visitar disfarçado!" Comecei a rir, e ela falou: "Eu sabia que o Senhor iria vir disfarçado, Jesus." Fiquei parado olhando para ela e os pais começaram a chorar. Também me emocionei muito, porque eu sei que as crianças possuem o dom de enxergar além daquilo que é aparente.

Então, aproximei-me dela e perguntei: "O que você quer que eu faça?" Ela respondeu cheia de segurança, não deixando dúvidas de que já havia conversado com Jesus, de que havia dito tudo para Ele e de que os dois haviam marcado aquele encontro. Ela simplesmente disse: "O Senhor já sabe. Coloca a mão na minha cabeça." Estendi as minhas mãos e fui tomado pela presença do Espírito Santo. Senti intensamente a graça de Deus naquele lugar. Rezei por ela e ela me retribuiu com um sorriso inesquecível.

Aquela menina ensinou-me uma lição valiosa. Aprendi com ela que Deus muitas vezes vem disfarçado ao nosso encontro, quando e como Ele quer. Aprendi que Ele usa disfarces para que possamos recebê-Lo, para que Sua mensagem possa fazer morada no nosso coração. São muitas as vezes em que não conseguimos perceber a Sua chegada, mas Ele sempre vem, porque Ele quer estar ao nosso lado.

Aquela menina ainda me fez perceber que recebi inúmeras visitas disfarçadas de Jesus em minha vida. E você, quantas vezes recebeu a visita de Jesus lhe trazendo um conselho, uma palavra amiga, um carinho, uma oração? Deus sempre usa aqueles que Lhe servem como instrumentos de bênçãos. Deus sabe agir no anonimato. Ele é Deus e não precisa se provar para mim ou para você.

Conheço pessoas que, nas situações em que Deus faz-se presente através de um irmão de fé, insistem em dizer que tudo não passa de coincidência. Para essas pessoas, costumo dizer que a coincidência nada mais é do que uma das formas que Deus encontrou para permanecer no anonimato. Deus é discreto e vai agindo na nossa vida para que só depois possamos olhar para trás e perceber a grandiosidade de tudo o que Ele operou em nosso favor.

Na experiência que vivi com aquela menina, Deus me mostrou que eu posso ser um disfarce d'Ele, assim como você também pode. Ser um disfarce de Deus é uma dádiva que Ele nos concede. Ele, que é misericordioso, usa a mim e a você para que possamos experimentar o amor ágape que Ele tem por cada um de nós.

Ao contrário do sentido pejorativo que a palavra "disfarce" traz aos olhos do mundo, ser usado como disfarce por Deus não é se passar por outra pessoa, mas é se deixar usar pela pessoa de Deus. Só pode ser usado aquele que se coloca a serviço d'Ele. Trata-se de uma entrega profunda a um Deus que não quer aparecer e que quer dividir essa experiência com os Seus.

Reflita sobre esse testemunho. Pare para pensar em quantas vezes você foi disfarce de Deus e em quantas vezes Ele o visitou por detrás de um disfarce. Reflita sobre a forma como Deus tem visitado você. Ele o visita todos os dias sob disfarce e, quando age assim, sussurra nos seus ouvidos: "Eu disse que viria, Eu falei que estaria aqui com você." Quando conseguimos reconhecê-Lo e ouvimos a Sua voz, entendemos quão grande é o Seu amor por nós, recebemos respostas para todas as nossas perguntas e temos a nossa vida transformada.

ORAÇÃO DE INTIMIDADE COM DEUS

Senhor, sei que és o Deus do impossível, que podes mudar todas as realidades. Sei que todos os problemas e todas as doenças que não possuem solução aos olhos humanos podem ser derrotados pela Tua força e pelo Teu poder. Por tudo isso, me coloco agora na Tua presença e peço que o Senhor venha me visitar.

Peço que o Senhor venha ao meu encontro da maneira como o Senhor julgar conveniente. Peço que o Senhor responda à minha oração. Sei que o Senhor usa os meus irmãos que servem a Ti para que levem a Tua bênção, a Tua palavra de conforto, a Tua mensagem de esperança. Não sei como o Senhor irá me tocar, mas sei que a minha graça vai chegar, como e quando o Senhor quiser.

Quero ser curado(a), renovado(a), restaurado(a) e, para isso, preciso que a Tua compaixão e a Tua misericórdia sejam derramadas sobre mim. Creio que o Senhor me escuta nesse momento e vou me lembrar dessa oração quando o Senhor chegar até mim.

Quero abrir o meu coração e me tornar uma pessoa sensível aos Teus cuidados.

Quero poder enxergá-Lo no dia que amanhece, na natureza, no brilho das estrelas, no alívio da chuva, no sorriso de uma criança, nos cabelos brancos de um idoso.

Quero reconhecê-Lo quando o Senhor vier ao meu encontro. Senhor, quando Tudo isso passar, quero ser forte e corajoso(a) o suficiente para também me colocar ao seu dispor.

Quero também ser usado(a) como Teu disfarce.

Quero ser um instrumento em Tuas mãos e anunciar a Tua boa-nova para aqueles que o Senhor determinar.

Amém.

PREOCUPAÇÃO É AQUILO QUE
ATORMENTA O NOSSO CORAÇÃO
E NOS IMPEDE DE DAR RESPOSTAS
CONCRETAS ÀQUILO
QUE DEUS QUER DE NÓS.

CAPÍTULO 4

Entrega, porta para a entrada do milagre

Existem momentos em nossas vidas que são repletos de preocupações. As preocupações fazem parte da nossa existência. Por isso, a cada dia que amanhece, percebemos uma nova preocupação surgindo. Preocupação é aquilo que atormenta o nosso coração e nos impede de dar respostas concretas àquilo que Deus quer de nós. As preocupações nos sequestram e, como reféns, acreditamos que elas nunca mais nos libertarão.

Lembro que uma vez, em uma das missas em uma comunidade muito simples, pedi que cada pessoa colocasse suas preocupações nas mãos de Deus. Expliquei a elas que, quando colocamos nossas preocupações nas mãos de Deus, Ele age e transforma a nossa realidade. Disse a cada uma delas: "Coloque a sua preocupação, coloque aquilo que o angustia, não importa se é um problema ou uma tristeza, mas não apenas isso; coloque também uma graça, uma bênção, uma alegria e aquilo que você tem de mais precioso em sua vida."

Fechamos nossos olhos e nos colocamos em oração, pedindo ao Senhor a libertação de todas as preocupações. Enquanto a comunidade rezava, eu insistia que fosse entregue ao Senhor o que cada pessoa tinha de mais importante, para que Deus pudesse tocar, transformar e restaurar suas vidas. Quando abri os olhos, diante de mim estava uma menininha com as mãozinhas fechadas. Olhei nos olhos dela e ela imediatamente abriu as mãos. O que ela trazia de mais importante eram dois chicletes e um pirulito.

Naquele momento, entendi o que Deus estava me dizendo. Através daquela criança e daquela atitude de coragem e desprendimento, eu e toda a comunidade pudemos ver que um primeiro passo precisa ser dado para que Deus aja em nossas vidas.

Quando temos coragem para colocar em nossas mãos tudo que é mais importante para nós e entregar isso sem reservas para Deus, começamos a perceber que Ele vai arrancando todas as nossas preocupações e angústias. Às vezes, escondemos algo. Às vezes, Deus pede, e nós não temos a capacidade da entrega. Aquela criança poderia ter escondido ao menos um chiclete ou o pirulito, mas ela confiou em Deus e entregou-Lhe tudo.

Só quando somos capazes de entregar tudo a Deus, conseguimos perceber que Ele está agindo. Só quando temos a coragem necessária da entrega, é que conseguimos perceber que Ele vai arrancando as preocupações, curando a nossa alma e libertando o nosso ser. Aquela menina nos ensinou que o mais importante é saber tirar do coração aquilo que muitas vezes no angustia, e que isso é uma escolha corajosa e solitária, que só depende de cada um de nós.

Eu não sei o que você tem segurado em suas mãos. Não sei o que você tem entregado para Deus. Não sei sequer se você já fez isso alguma vez, mas tenho certeza absoluta de que quando você estender as suas mãos com as suas preocupações e aquilo que você tem de mais importante, Deus transformará tudo. Deus realizará a graça e dará a você o milagre como certeza da recompensa.

Dê a Deus a oportunidade de lhe mostrar aquilo que só Ele pode fazer em sua vida. É necessário que você coloque hoje diante do Senhor tudo o que você tem, as suas alegrias, as suas preocupações, aquilo que tira a sua paz, aquilo que te causa angústia. Aquela menininha entregou tudo e, aos olhos do mundo, ficou sem nada, mas, aos olhos de Deus, ela abriu as portas para receber tudo o que Ele, e somente Ele, tem de melhor para ela.

ORAÇÃO DE ENTREGA

Neste momento, Senhor, quero entregar a Ti todas as minhas preocupações. Todas as preocupações que parecem ser eternas, mas que a Tua presença me ajuda a compreender que são passageiras. Por isso, Senhor, quero colocar diante de Ti tudo o que tira a minha paz, tudo o que tira a Tua graça na minha história. Entrego ao Senhor, neste momento, as minhas dores como nunca fiz antes.

Muitas vezes chorei, não compreendi o que estava acontecendo e tive medo de entregar o controle da minha vida ao Senhor. Mas hoje, neste momento profundo de oração, entrego ao Senhor tudo o que me preocupa, tudo o que me distancia do Teu amor e da Tua misericórdia.

A Tua Palavra diz que "as aves do céu não semeiam nem ceifam, e o Senhor as alimenta a cada dia." Quero crer na Tua Palavra, Senhor. Aumenta a minha fé, pois quero confiar mais em Ti. Reconheço que muitas vezes me deixo arrastar pela falta de fé. Reconheço que coloco a minha esperança nas pessoas, nas coisas, e me esqueço das Tuas promessas. Reconheço, Senhor, que perco noites de sono pensando nas situações que preciso resolver, que caio em profunda angústia e chego a pensar que o Senhor me abandonou. Não, Senhor, o Senhor nunca me abandona, nunca me deixa sozinho(a).

Quero aprender a rezar com o coração confiante em Ti, Jesus. Quero crer na Tua providência que nunca falha. O Senhor sempre cuida dos mínimos detalhes e eu sei em quem coloco a minha esperança. Sei que em minhas mãos trago a marca da vitó-

ria. Senhor Jesus, eu entrego a Ti cada preocupação, cada angústia, cada aflição, cada ansiedade.

Eu entrego ao Senhor tudo aquilo que arranca a minha paz, para que a minha vida seja transformada pelo poder que vem da Tua presença. Eu entrego a Ti, agora, tudo o que trago em meu coração como sinal da minha fé na Tua providência, capaz de transformar a minha vida e santificá-la com o Teu amor.

Arranca, Senhor, do meu coração e da minha mente tudo aquilo que tira a minha paz. Sei que todas as minhas preocupações passarão porque a Tua presença restabelecerá o meu equilíbrio.

Por tudo isso, Te peço agora que toques com o Teu amor, com a Tua presença e com o Teu Espírito Santo a minha vida, para que eu saiba esperar o tempo que for necessário, para que eu saiba aguardar as

Tuas demoras e que eu saiba compreender que tudo o que me preocupa diante de Ti não é nada, porque a Tua misericórdia sempre me resgata.

Mãe Santíssima, peço, neste momento, que a Senhora me acolha com amor e ternura em Teus braços, ó mãe.

A Ti, Jesus, entrego aquilo que sou, aquilo que tenho e peço, agora, que o Senhor arranque do meu coração e da minha vida tudo aquilo que me deixa diante da Tua graça como sinal de falta de misericórdia. Coloca na minha vida, Senhor, a esperança da Tua presença salvadora. Por Cristo, Senhor nosso.

Amém.

A VIDA É TÃO CORRIDA,
TÃO DISPUTADA,
TÃO CHEIA DE OBRIGAÇÕES
E TÃO POUCO VIVIDA,
QUE QUASE NUNCA COMPREENDEMOS
AQUILO QUE DEUS ESTÁ FAZENDO.

CAPÍTULO 5

Família, plano de Deus

Um dia me pediram para visitar uma família. Agendei a visita e fui. Quando cheguei à casa, deparei-me com um grupo de ciganos, e, para minha surpresa, era justamente a família de ciganos que queria um momento de oração.

Já sabia como os ciganos viviam. Sabia que eles não se apegam ao lugar onde moram nem dão importância às coisas que valorizamos em uma casa. Mesmo assim, o ambiente chamou a minha atenção. Quando entrei na casa, não vi móveis nem qualquer sinal de conforto. A única coisa que havia era um pedaço de toco de madeira. Era o assento que me aguardava. Então me sentei para conversar com eles. A segunda impressão foi de alegria. Muita gente reunida, uma família grande, cheia de crianças, todo mundo falando e sorrindo.

Depois que todos se acomodaram, eu perguntei: "Do que vocês precisam?" Olhando o pouco que tinham, imaginei que precisavam de quase tudo, mas algo me inquietava, porque no meio daquele nada parecia que não faltava coisa alguma. Eu podia sentir a presença forte de Deus. Eu sabia que Ele estava ali, mas de qualquer forma eu precisava perguntar qual era o motivo da minha visita.

Enquanto eu esperava pela resposta, um menino chegou bem perto de mim, e a mãe disse: "Padre, por favor, reze para o meu filho." Olhei para ele e perguntei: "O que você quer?" Ele nem precisou parar para pensar e logo disparou: "Casar." Fiquei surpreso e falei: "Você ainda é uma criança, como é que você quer se casar? Quantos anos você tem?" Ele respondeu: "Padre, eu tenho 12 anos, quero me casar, quero ter muitos filhos e quero andar por aí."

O sonho dele era realmente se casar, mas eu não conseguia entender o porquê. Pensei que talvez esse fosse o desejo profundo de ter uma família ou apenas o desejo de se casar e, como gente grande, descobrir aquilo que Deus queria para a vida dele. Levado pela curiosidade, resolvi interagir com ele. "Você vai se casar um dia, mas espere mais um pouquinho. Você vai ter que estudar. Ainda vai viver muitas coisas." Ele insistia: "Mas o que eu quero é me casar."

Não tinha jeito. A ideia estava impregnada na alma dele. Então, lembrei-me que os ciganos podem firmar compromissos desse tipo quando as crianças são muito pequenas. Muitas vezes, elas são prometidas para alguém que elas sequer conhecem. Tomei coragem e perguntei: "Tudo bem, mas vocês me chamaram aqui porque ele quer se casar?" A mãe respondeu que não. "Não, padre, eu chamei o senhor aqui porque ele tem um câncer e a doença já tomou conta de todo o corpo dele, até já paralisou os rins e comprometeu outros órgãos."

Respondi que rezaria por ele ali mesmo naquele momento. Rezei por ele, o abençoei e pedi a misericórdia de Deus. Depois, despedi-me e segui para o meu carro. Quando abri a porta e me sentei, vi a mãe correndo em minha direção. Ela bateu no vidro e disse: "Padre, eu não contei tudo para o senhor. Ele também tem um tumor na cabeça. Meu filho está morrendo. A única coisa que eu queria era que o senhor rezasse por nós e por ele. Quero que o senhor coloque a vida dele em oração. É tão difícil a gente olhar para quem a gente ama e ver que a pessoa está indo embora! É tão difícil olhar para ele e perceber que eu não vou ver o sonho do meu filho se realizar." Quando ela terminou de falar, olhei fundo nos olhos dela e pedi: "Tenha fé. Tenha muita fé, porque aquilo que grita dentro dele é o que o torna vivo. É na inquietude da alma dele que você pode ouvir a voz de Deus."

Entrei novamente no carro e fui embora. Não consegui ir muito longe, a vontade de chorar me fez estacionar e pensar naquele menino. Rezei mais uma vez por ele e pedi a Deus que derramasse uma graça na vida daquela criança.

Nos domingos seguintes, comecei a perceber a presença de toda a família reunida na missa. A cada domingo, eu os procurava e surpreendia-me com a participação de todos eles, o que não acontecia antes.

Sempre pensava neles e resolvi fazer uma nova visita àquela família. Quando cheguei, recebi a notícia de que a doença estava em estágio bem avançado. Ele olhou para mim e disse: "Padre, Deus me fez casar." Eu brinquei com ele: "E como que você se casou e nem me convidou?" Ele respondeu: "Mas eu me casei!" Perguntei: "Com quem?" Ele disse: "Com Nossa Senhora, e eu falei para ela que eu seria totalmente dela se a minha família voltasse para Deus. A minha família voltou, padre. A minha família voltou, e eu estou quase indo embora."

Aquele menino tão pequeno, tão puro e tão inocente compreendera que naquilo tudo havia uma enorme graça o envolvendo. Ele conseguira ver aquilo que não conseguimos enxergar, impedidos pelos nossos bens materiais, nosso conforto, nossa realização profissional, nossa vaidade. Ele havia enxergado o local de chegada e não a estrada que havia ficado para trás.

A família toda continuou indo à missa, todos juntos, até que um dia eu não o vi. Fui ao encontro da mãe e perguntei onde ele estava. Ela serenamente me respondeu: "O senhor já sabe, padre, ele foi para junto da esposa dele."

A vida é tão corrida, tão disputada, tão cheia de obrigações e tão pouco vivida que a gente quase nunca compreende aquilo que Deus está fazendo. O poder de Nossa Senhora acolhendo aquele menino em seus braços, com aquele amor que ele sempre desejou, foi sinal de ressurreição. Ao ler esse testemunho você até pode estar se questionando qual o motivo do milagre da cura do câncer não ter acontecido. A resposta é que havia um câncer muito maior nessa família. Esse câncer foi combatido, e a família de ciganos voltou a ser família. Eles voltaram a acreditar em si mesmos, voltaram a tomar posse daquilo que é sinal concreto do amor de Deus.

Eu celebrei a Missa de Sétimo Dia e, depois disso, fiz questão de fazer uma nova visita àquela casa. O que encontrei foi uma foto do menino com um lindo sorriso, emanando uma alegria enorme, em uma casa que tem tão pouco, uma casa que sequer possui uma porta. A casa pobre de um menino rico me faz pensar que a gente precisa de quase nada para ser feliz, e que a gente precisa de menos ainda para conseguir ouvir a voz de Deus.

Depois do que eu vi e vivi junto àquela família, posso garantir que não devemos reclamar das coisas da vida, das situações difíceis ou das dores que muitas vezes nos visitam. Achei que tinha aprendido tudo com o menino. Aprendi um pouco mais com a mãe que soube entregar o filho, na certeza de que ela não o estava perdendo, mas apenas o deixando viver dois sonhos que trazia no coração: se casar com Nossa Senhora e salvar a sua família. Não tenho dúvidas de que a festa de casamento no céu foi linda, e que de lá de cima ele pode perceber quanto a sua família é sagrada e abençoada.

ORAÇÃO PELA FAMÍLIA

Senhor Jesus, quero pedir o Teu Espírito Santo sobre todas as pessoas da minha família, sobre a nossa casa, sobre a nossa história, restaurando e santificando tudo aquilo que não vem de Ti. Restaura, Espírito Santo, todas as áreas da nossa vida, tudo o que precisa ser transformado.

Restaura todas as rachaduras provocadas pela infidelidade, a solidão, pelo egoísmo e medo. Peço,

Senhor, que o Espírito Santo se manifeste neste momento com sinais e prodígios em nosso meio, nos livrando de todo mal. Batiza-nos, Espírito Santo, com a água do Teu amor, lavando e santificando a minha família.

Consola os corações aflitos, dá o refrigério que precisamos. Reconstrói, Espírito Santo, o amor entre pais e filhos, marido e mulher, entre os irmãos. Reconstrói em nossos corações a alegria, a fé, a esperança, a coragem, a bondade, a fidelidade, o respeito, a mansidão e o carinho.

Retira da minha família, Senhor, o apego exagerado às coisas do mundo, à ganância, ao ciúme que, infelizmente, têm entrado em nosso lar. Em nome dos que estão deprimidos e que não enxer-

gam mais o sentido da vida, peço que restaures a alegria. Queremos sentir, Espírito Santo, o Teu fogo abrasador nos aquecendo, trazendo vida aos nossos olhos, para que possamos estar sempre na Tua presença. Vem, Espírito Santo, sobre o nosso trabalho.

Receba todas as dificuldades que temos travado para sermos pessoas honestas e íntegras diante de Ti. Incendeia a nossa alma. Faz da minha família, Senhor, uma família santificada.

Visita cada integrante da minha família e nos transforma com o Teu amor. Eu te peço neste momento, Pai de amor e de misericórdia, que cada pai seja um pouco de José, cada mãe seja um pouco de Maria, que cada filho seja um pouco de Jesus Cristo. Eu Te peço mais uma vez que nenhum mal possa atingir a minha família.

Peço-te que arranques do meio de nós tudo aquilo que impede a nossa felicidade. Faz brotar no nosso meio a Tua força santificadora. Eu Te peço a restauração e santificação não apenas da minha família, mas de todas as famílias do mundo.

E por fim declaro: Jesus, Maria e José, a minha família Vossa é.

Amém.

DEUS PODE FAZER
QUALQUER COISA NA NOSSA VIDA.
ELE PODE REALIZAR QUALQUER
COISA QUE QUEIRA.

CAPÍTULO 6

Deus pode tudo

Deus nos dá, a todo instante, inúmeros sinais de Seu amor concreto e incomparável. Infelizmente, em muitos momentos, não percebemos a força do amor de Deus sobre nossas vidas. Quero partilhar com você um testemunho que é a prova desse amor ágape que Deus derrama sobre cada um de nós.

Como de costume, fui convidado para celebrar a Missa da Misericórdia em outra cidade. Era a cidade de Anápolis, que fica a cerca de cinquenta quilômetros de Goiânia. Antes da missa, fui à sacristia para me revestir e me preparar para a celebração. Enquanto me revestia, um menino de aproximadamente seis anos de idade entrou, aproximou-se de mim e começou a puxar a minha roupa. Aquilo me chamou a atenção. Parei, olhei para ele e perguntei: "O que você quer, meu filho?" Ele olhou bem nos meus olhos e respondeu-me com outra pergunta: "Padre, Deus pode fazer qualquer coisa?" Eu disse: "Pode, Ele pode fazer qualquer coisa na nossa vida. Ele pode realizar qualquer coisa que Ele queira." Então, virei-me e continuei me revestindo.

Por alguns instantes, tive a certeza de que o menino havia voltado para a igreja. Cheguei a me esquecer da presença dele ali no meio dos adultos, mas quando olhei de volta, ele ainda estava lá. Quando ele percebeu que eu olhava para ele, não perdeu um segundo sequer e perguntou de novo: "Padre, o senhor tem certeza que Deus pode fazer qualquer coisa?" Novamente respondi: "Pode, eu tenho certeza que Deus pode fazer qualquer coisa. E Ele faz, viu?" Continuei a minha preparação e as últimas conversas sobre os detalhes da celebração, mas, para a minha surpresa, lá estava ele, esperando uma troca de olhares comigo para disparar: "Padre, vou te perguntar mais uma vez se o senhor tem certeza que Deus pode fazer qualquer coisa mesmo." Parei, olhei para ele e comecei a imaginar o que aquele menino podia tanto querer. Pensei que ele me pediria uma bicicleta ou um brinquedo. Olhei nos olhos dele e disse, ainda com mais segurança, que

Deus pode fazer qualquer coisa, qualquer coisa que esteja dentro do nosso coração e que a gente peça com força. Então, cheio de convicção, ele balançou a cabeça e saiu.

Fui para o altar e celebrei a missa. No momento do passeio com o Santíssimo entre os fiéis, por mais que eu tentasse, não conseguia tirar os olhos daquele menino. Deus me dizia que alguma coisa muito forte estava acontecendo no coração daquela criança. O menino chorava ajoelhado e pedia muito por alguma graça. Eu olhava para o Santíssimo em minhas mãos e pensava: "Meu Deus, aquele menino está pedindo algo com tanta fé, e eu disse a ele que tudo aquilo que é impossível na nossa vida o Senhor pode fazer."

Tudo o que falei para o menino na sacristia, de forma simples, como devemos falar para uma criança, era de uma profundidade muito grande. Eu havia apresentado àquela criança um Deus poderoso que realiza milagres, que torna possível o impossível, que derrama graças e bênçãos sobre cada um de nós e que vai realizando maravilhas nas nossas vidas, de acordo com o tamanho e a força da nossa fé. Tudo o que falei começou a passar pela minha cabeça, e ali, com o Santíssimo nas mãos, entrei em profunda oração pedindo a Deus que a fé daquela criança fosse honrada.

Depois do passeio com o Santíssimo, fui até o menino e perguntei: "O que você pediu para Deus?" Ele falou: "Padre, a única coisa que eu pedi é que meu pai volte para casa. Já faz tempo que meu pai não está em casa. Faz tempo que ele deixou a gente, deixou a minha mãe. Eu estava pedindo isso." Quando ele terminou de falar, estendeu a mão e me mostrou a foto do pai. Não era uma bicicleta ou um brinquedo. O que o menino queria era a família unida.

Horas depois, fiquei pensando naquele menino. Pensei na sua vontade de ter o pai de volta, não levando em consideração o abandono. Ele não estava murmurando ou questionando Deus sobre a ausência do pai. Ele estava pedindo de volta o pai que Deus havia lhe dado. Eu sei que às vezes não temos o pai com o qual sonhamos ou desejamos, mas, gostando ou não, temos o pai que temos. Aquela criança, apesar de tão pequena, já sabia disso e valorizava a família que tinha.O pai que nos foi dado por Deus, nos foi dado de presente, e, por ser um presente, é preciso que saibamos acolhê-lo e amá-lo do jeito que ele é. O seu pai pode ser fechado, de temperamento difícil, pouco ou muito complicado e incapaz de lhe dar um abraço. Porém, quando olhamos para a história desse menino, podemos perceber que ele sentia falta de um pai como um todo, com qualidades e também com defeitos.

A falta de um pai humano, com defeitos e qualidades, foi o que fez o menino se prostrar diante do Pai maior com tamanha esperança. E foi a fé daquela criança que me levou a fazer o mesmo naquela noite. Quando cheguei em casa, fui direto ao Santíssimo e rezei: "Meu Deus, eu disse para aquele menino que o Senhor podia fazer todas as coisas e agora sei que ele quer o pai de volta. Peço que o Senhor o atenda. Peço de todo o meu coração que o Senhor realize esse milagre."

Algum tempo depois, eu estava na sacristia me revestindo para uma missa na minha paróquia quando um menino entrou. Crianças crescem tão rapidamente e mudam tanto, que eu não o reconheci. Ele puxou a minha roupa e disse: "Padre, Deus pode tudo mesmo." Perguntei: "Por que você está falando isso?" E ele respondeu: "Porque naquele dia você disse que Deus podia fazer qualquer coisa. Eu pedi meu pai de volta. Olha aqui o meu pai. Ele voltou, e hoje vamos assistir todos juntos à Missa da Família."

ORAÇÃO PELA CURA PATERNA

Pai amado, cura o meu interior de toda a carência de um pai que eu trago em minha vida. Toca, Senhor, nas áreas que ficaram vazias e que criaram uma grande solidão dentro de mim devido à ausência do meu pai. O aconchego e o afeto que recebi foram tão pequenos, que fizeram de mim uma pessoa insegura e medrosa.

Preenche, Pai do céu, neste momento, esse vazio que toma conta do meu coração. Peço que o Senhor cure as minhas cicatrizes provocadas pela rejeição e pelo abandono. Só o Teu amor pode me curar. Abraça-me, Senhor, e passeia pela minha história. Quero receber a graça de perdoar o meu pai por toda a sua indiferença. Hoje, o Teu amor me faz compreender todas as atitudes do meu pai. Eu sei que ele também não recebeu o amor que ele tanto precisava e, por isso, ele não conseguiu me amar como deveria.

Quero perdoá-lo pelas vezes que ele me bateu e não devia, pelas vezes que me desprezou, pelas vezes que me humilhou diante de outras pessoas e dos meus amigos, pelas vezes que chegou bêbado em casa. Meu Pai do céu, neste momento, eu perdoo o pai que o Senhor me concedeu, eu o perdoo de todo o meu coração, pois encontrei o Teu amor que me salva, me cura e me liberta. Obrigado(a), Senhor, por me amar do jeito que eu sou. Obrigado(a) por não desistires de mim. A Tua presença me ampara, me sustenta, me leva a deitar em Teu colo e Te dizer que o Senhor é o melhor Pai do mundo. O Teu amor de Pai Soberano é que me capacita a perdoar o meu pai.

Eu Te peço a graça de poder olhar com ternura para o meu pai e enxergar na história dele todas as dores que as marcas da vida provocaram. Quero ainda, Senhor, Te pedir perdão pelas vezes que não amei o meu pai e pelas vezes que não o acolhi como deveria ter feito.

Por isso, Jesus, eu te peço nesse momento que o Senhor acolha o meu pai e me ajude a acolhê-lo mais e mais a cada dia, para que ele possa ser restaurado e santificado na Tua presença.

Amém.

MÃE ACOLHE. MÃE ABRAÇA.
MÃE INSISTE.
MÃE NUNCA DESISTE DO FILHO.
É A MÃE QUE REZA
E É DEUS QUEM CURA.

CAPÍTULO 7

Coração de mãe

Em uma das muitas viagens de peregrinação que faço com os fiéis aos principais santuários do mundo, foi-me concedida a graça de celebrar uma Santa Missa na Igreja da Medalha Milagrosa, em Paris, França. A experiência de presidir uma celebração naquele lugar já seria, por si só, inesquecível. Porém, ao final da missa, fui surpreendido por uma mãe que me procurou e partilhou uma história de profunda fé.

A mulher contou-me que era brasileira, morava no Recife e que, há algum tempo, ao descobrir que o filho de apenas seis anos tinha um câncer na cabeça, decidiu levá-lo à Igreja da Medalha Milagrosa. Para realizar o desejo de mãe, ela pediu a ajuda das pessoas que conhecia. Com a colaboração dos amigos, conseguiu viabilizar a ida dela e do filho a Paris.

À medida que ela ia contando a história e toda a dificuldade enfrentada para fazer a viagem, foi ficando claro em meu coração tudo o que uma mãe é capaz de fazer por um filho. Deus foi revelando para mim como uma mãe é capaz de romper barreiras, dando passos concretos em direção àquilo que ela acredita ser o melhor para os filhos.

Tudo o que aquela mãe dizia era acompanhado por um olhar cheio de esperança. Quando ela me disse "padre, eu vim aqui com o meu filho porque eu acredito muito no poder de Nossa Senhora e tenho certeza de que ela vai fazer uma obra nova na vida dele", ela apenas confirmava aquilo que eu já tinha lido em seus olhos: A abundante fé que trazia no coração.

Ela me contou que, quando chegou à igreja com ele, olhou para a imagem de Nossa Senhora e disse: "Eu tenho certeza de que o meu filho será curado." Quem já esteve na Igreja da Medalha Milagrosa sabe que há uma cadeira que fica próxima à imagem Dela, uma cadeira reservada e com acesso proibido aos fiéis. "Padre, eu olhava para aquela cadeira e olhava para o meu filho, olhava novamente para aquela cadeira e olhava para o meu filho, então, em um momento da missa, senti em meu coração que meu filho deveria colocar a cabeça naquela cadeira."

A igreja estava lotada e a cadeira era constantemente vigiada por seguranças. Então, ela me contou que se abaixou e disse ao filho: "Você chega perto da cadeira e coloca a sua cabeça lá." Quando os seguranças se distraíram, ela empurrou o menino. "Padre, eu empurrei o meu filho e ele foi, mas ele não fez o que eu mandei. Eu ficava olhando para ele e mandando ele encostar a cabeça na cadeira, mas ele ficava rindo." O menino balançava a cabeça e ria. A mãe mandava, ele desobedecia e ria. Até que um segurança apareceu, pegou o menino e o jogou para longe.

Quando o menino chegou perto dela, irritada, ela deu um safanão no filho e disse: "Eu não te falei que era para você colocar a cabeça na cadeira? A gente veio de tão longe e você não colocou a cabeça na cadeira, você tinha que ter colocado a cabeça na cadeira!" Foi aí que o menino olhou para a mãe e falou: "Mãe, eu não coloquei a cabeça na cadeira porque a mulher que estava sentada lá pediu para eu colocar a cabeça no colo dela." A mãe, emocionada, contava a história para mim como se tudo tivesse acabado de acontecer. É como se ela, ali na igreja, estivesse vivendo tudo de novo.

Vocês já sabem que o menino ficou curado. Naquele momento, Nossa Senhora acolheu aquela criança que havia deitado em Seu colo. E a mãe me dizia: "Padre, o meu filho ficou curado, ele não tem mais nada." Ela estava ali para agradecer a Deus pelo milagre recebido, porque sabia que naquele lugar o filho havia sido curado. A fé que ela tinha no coração não a deixava duvidar do poder de Deus.

Às vezes, eu acho que é isso que Deus pede a cada um de nós. A cada dia Ele pede que nos coloquemos em Seu colo. Ele quer que experimentemos a sensação de acolhida, de carinho e da certeza de sermos amados. Penso que experimentamos isso quando deitamos no colo de nossas mães, e que isso é um sinal da graça de Deus. A mãe, quando deita um filho no colo, o ajuda a sentir a força de um poder sobrenatural, maior do que todos os problemas que o assustam. Mãe acolhe. Mãe abraça. Mãe insiste. Mãe nunca desiste do filho. É a mãe que reza e é Deus quem cura. Aquele menino foi curado através da intercessão de duas mães.

ORAÇÃO PELAS MÃES

Senhor, quero rezar neste momento por todas as mães que sofrem porque sabem que os filhos estão longe da Tua presença. Peço que o Senhor recolha, neste momento, todas as lágrimas de dor, todo sentimento de desespero, preocupação, medo, pavor, solidão de todas as mães que pensam que seus filhos não têm mais jeito.

Peço que o Senhor renove a esperança no coração dessas mães, que o Senhor mostre a elas um caminho. Dá a elas, Senhor, uma luz, a graça de nunca perderem a fé e a coragem de Nossa Senhora, que soube sofrer em oração ao ver Jesus pregado em uma cruz. Eu Te peço, ainda, que Maria Santíssima console cada mãe com seu abraço acolhedor.

Que Maria abrace cada mãe que anseia por um beijo e um afago de seus filhos, cada mãe que teve o filho levado para o céu, cada mãe que per-

deu o filho ainda no seio materno, e cada mãe que hoje já não pode mais engravidar.

Pela intercessão de Nossa Senhora, Te peço, Senhor, que coloques o vinho que falta no coração de todas as mães. Eu Te entrego, Senhor, cada mãe que chora, que luta, que, a cada dia, mesmo diante das dificuldades, continua acreditando em seus filhos. Te entrego cada uma delas, para que possam sentir a presença do Teu fogo abrasador.

Eu Te peço, neste momento, ó Senhor, que toque o coração de cada mãe para que seja restabelecida a esperança e a confiança em ti.

Visita, Senhor, cada mãe angustiada, para que elas possam sentir no coração que é na entrega de cada dia que a nossa vida é transformada.

Que cada mãe possa ter a determinação de entregar ao Senhor não apenas a vida de seus filhos, mas suas próprias vidas.

Que Nossa Senhora, Mãe de todas as mães, cubra cada uma delas com Seu manto de amor, fortalecendo-as com Sua eterna proteção e graça.

Amém.

SENHOR, EU QUERO FAZER A TUA VONTADE E QUERO QUE A TUA VONTADE SEJA REALIZADA EM MINHA VIDA.

CAPÍTULO 8

A vontade de Deus

Muitas pessoas não acreditam naquilo que Deus pode fazer. Eu me deparo com essa realidade em todos os lugares. As pessoas são tomadas pela incredulidade e duvidam do poder de Deus. Existem pessoas que dizem acreditar, que declaram a fé, mas vivem se perguntando a todo instante se Deus é realmente capaz de mudar aquilo que as incomoda. Para essas pessoas, a única coisa que digo é aquilo que eu sei: o impossível é uma das especialidades de Deus.

É justamente quanto tudo parece impossível que Deus opera aquilo que não conseguimos compreender. Quando estamos cansados, quando somos acometidos por alguma doença ou por alguma situação que tira a nossa estabilidade, nos é apresentada a opção de clamar pelo impossível. E é justamente nesses momentos que Deus se aproxima de nós e transforma a nossa vida.

Era uma quarta-feira à tarde, dia em que faço visitas. Saí da paróquia com esse propósito, porém, eu nem desconfiava que Deus havia preparado um momento especial que marcaria a minha história.

Fui ao Hospital do Câncer visitar uma moça de 22 anos com câncer espalhado pelo corpo inteiro, totalmente tomada pela doença. Assim que entrei no quatro, a mãe dela começou a explicar-me o quadro e, ao final, disse: "Padre, só Deus. Só Ele agora para fazer algo pela minha filha." Eu respondi: "Só Ele mesmo, filha." A mãe me contou que o estado da jovem era muito grave, e que ela teria que tirar um dos rins. Então, me pediu um segredo: "Padre, ela está em cima dessa cama há mais de 15 dias. A única coisa que tenho feito desde então é colocá-la diante de Deus. Padre, ela não sabe que vai perder um dos rins. Ela não sabe de nada."

Fui ao encontro da jovem e, enquanto a olhava, a única coisa que passava na minha cabeça era a curiosidade. Fiquei me perguntando quais seriam os sonhos daquela garota de 22 anos. Será que algum dia ela pensou em se casar? Será que ela pensou em ter filhos? Será que ela pensou em se formar, em fazer um milhão de coisas? Fiquei por alguns minutos pensando nos sonhos que ela poderia carregar no coração e preparei-me para buscar essas respostas.

Cheguei próximo a ela, a olhei bem nos olhos e perguntei: "Filha, o que você quer de Deus?" Ela não conseguiu segurar as lágrimas, e a mãe respondeu por ela. "Padre, eu quero que Deus arranque todas as dores que ela sente. Eu não quero mais que a minha filha sinta dores." Eu disse: "Mãe, agora eu estou perguntando para a sua filha. Preciso ouvir o que ela traz no coração." A jovem me olhou e disse: "Padre, eu quero que Deus faça a vontade Dele na minha vida."

A moça não pediu para ser curada. Ela não pediu para que as dores passassem. A única coisa que ela pediu foi que Deus fizesse a vontade Dele na vida dela. Quando ouvi o que a filha falou, olhei para a mãe e disse: "Deus começa a realizar uma obra nova na vida da Sua filha." A menina me chamou e concluiu: "Se eu tiver que viver, padre, que seja feita a vontade de Deus. Se eu tiver que morrer, que seja feita também a vontade de Deus." Fui embora, mas fiquei com aquela frase na minha cabeça. "Que Deus faça a vontade Dele na minha vida."

Algum tempo depois fui convidado para celebrar uma Missa da Misericórdia em Nerópolis, cidade a cerca de trinta quilômetros de Goiânia. A igreja estava lotada e, na homilia, me lembrei do testemunho da jovem que havia declarado que estava pronta para receber a vontade de Deus em sua vida. No final do testemunho, olhei para a multidão e disse que eu não sabia o que tinha acontecido com aquela moça. Falei que eu nunca mais tive notícias dela, mas que tinha certeza absoluta do que eu havia dito para aquela mãe no quarto do hospital — e que naquela missa reafirmava —, que "Deus havia feito começado uma obra nova na vida de sua filha."

Para minha surpresa, aquela jovem estava na missa. Ela se levantou com a mãe, a as duas vieram chorando ao meu encontro. A menina pegou o microfone e disse: "Padre, eu sou aquela jovem e eu estou curada." Não tenho palavras para descrever a alegria que eu e todas aquelas pessoas sentiram naquela noite. Juntos vivenciamos um momento de graça que, tenho certeza, tem sido motivo de encorajamento e de esperança em nossas vidas.

Semanas depois, a menina participou de uma Missa da Misericórdia na Paróquia Nossa Senhora da Assunção, em Goiânia, contou o seu testemunho de fé e de cura e levou todos os exames que atestavam o milagre que Deus havia realizado através da sua entrega verdadeira a Ele.

Ela realmente estava totalmente curada, e você sabe por quê? Porque quando fazemos a experiência da graça de Deus, quando temos a coragem de dizer para Deus "Senhor, que seja feita a sua vontade na minha vida", Deus compreende que nos entregamos em Suas mãos. Quando percebemos que só Deus é a solução, quando percebemos que só Deus é o caminho, deixamos que Ele faça o Seu melhor em nossa vida. Sabe por quê? Porque Deus nunca cria fronteiras. Deus sempre cria pontes para que compreendamos que Ele vem ao nosso encontro. No entanto, há uma condição. É preciso que a gente diga: "Senhor, eu quero fazer a Tua vontade e quero que a Tua vontade seja realizada em minha vida."

Não há como ouvir o testemunho de fé e de coragem daquela moça e não se lembrar do Evangelho, quando Nossa Senhora responde ao anjo Gabriel: "Eis aqui a Serva do Senhor. Faça-se em mim segundo a Tua palavra." Quando começamos a fazer tudo aquilo que Deus quer, quando começamos a fazer tudo aquilo que Deus pede, a nossa vida é transformada.

A vida daquela jovem foi transformada porque ela deixou Deus fazer a vontade d'Ele na vida dela. Às vezes dizemos que estamos deixando Deus fazer a vontade d'Ele na nossa vida, mas, na verdade, queremos e lutamos apenas pela nossa vontade. Aquela moça compreendeu que, naquele momento de maior fragilidade, a única coisa necessária era dizer: "Estou aqui, Senhor, faça-se em mim segundo a Tua vontade." E quando temos a coragem para dizer isso, estamos preparados para receber a cura e a libertação que vem de Deus.

ORAÇÃO PELOS JOVENS

Senhor Jesus, quero entregar a Ti todos os jovens com os seus sonhos e projetos. Quero pedir que a juventude seja santificada. Peço que o Senhor visite a realidade de cada um de nossos jovens. Que a força do Espírito Santo seja derramada sobre aqueles que estão presos nas drogas, no vício da bebida, do cigarro, da prostituição, da depressão e de todo e qualquer tipo de dependência.

Clamo para que a força do Espírito Santo seja derramada sobre aqueles que perderam o sentido da vida, que se deixaram guiar por más companhias e que hoje gritam por socorro. Tira-os, Senhor, da lama e do pecado que assolam a vida de cada um deles.

Que eles se transformem em reflexo da Tua presença. Senhor, eu entrego a Ti cada jovem desempregado, cada jovem que luta pela própria sobrevivência. Eu entrego a Ti cada jovem que está na universidade.

Que todos possam ser tocados pelo Teu amor e que nunca percam a fé. Quero também colocar em Tuas mãos a força da juventude, capaz de transformar o mundo em que vivemos. Eu Te louvo e Te agradeço, Senhor, pela vida dos jovens que não têm vergonha de assumir a Tua presença como sinal de misericórdia. Ao mesmo tempo, entrego a Ti aqueles que ainda não Te conhecem, aqueles que ainda não perceberam que o Senhor é o centro de suas existências. Entrego a Ti cada jovem que chora, que canta, que sorri, que se alegra, para que eles possam sentir mais uma vez a presença do Teu amor.

O Senhor é jovem, esplendor pleno e pura bondade, por isso Te peço que proteja os jovens. Afasta deles, Senhor, tudo aquilo que os impede de caminhar na Tua graça. Favorece-os segundo a Tua eterna benevolência e salvação.

Amém.

ENVELHECER É SINAL DE QUE
ALGO MUITO BONITO FOI VIVIDO.
TODOS NÓS, SE TIVERMOS A GRAÇA,
PASSAREMOS POR ESSA REALIDADE.

CAPÍTULO 9

Envelhecer, um dos milagres da vida

A maior herança que a minha avó me deixou foi tudo o que ela me ensinou. Um desses ensinamentos é sobre saber envelhecer. Ainda sou capaz de ouvi-la dizendo que "o maior desafio que uma pessoa pode enfrentar é se preparar para a velhice." Em geral, não sabemos nos preparar para o que está por vir e ficamos esperando as respostas que o tempo traz.

As marcas da nossa história revelam aquilo que somos, aquilo que temos. As marcas no nosso rosto, nos nossos cabelos, na nossa alma. Tudo exibe aquilo que foi gritado dentro de nós. E percebemos como é necessário colocar tudo aquilo que somos e aquilo que temos no coração de Deus. Envelhecer é sinal de que algo muito bonito foi vivido. Todos nós, se tivermos a graça, passaremos por essa realidade.

Acho tão bonito quando olhamos para um casal de idosos e percebemos que eles são extremamente parecidos. Quanto mais o tempo vai passando, as características físicas entre eles, hábitos e trejeitos vão ficando cada vez mais semelhantes. É como se vislumbrássemos uma perfeita simbiose, em que não é mais possível enxergar duas pessoas ou duas histórias de vida. Parece que ninguém mais além do companheiro é capaz de entender a grandeza e a coragem no evelhecimento do outro.

Eu me lembro de algo que chamou muito a minha atenção. Gosto muito de fazer caminhadas e, em uma delas, perto da minha casa, notei um casal de velhinhos que caminhava à minha frente. Ela, uma senhora já com a idade bem avançada, e ele, um senhor que, apesar de provavelmente ter a mesma idade que ela ou talvez ser um pouco mais velho, demonstrava um certo vigor. Fiquei observando-os de longe e pude perceber que ela andava com dificuldade, arrastando uma das pernas. Era uma caminhada lenta e contínua, um passo de cada vez. Ele andava mais rápido, o que fazia com que ela constantemente ficasse para trás. Às vezes, ele parava, voltava e a ajudava a caminhar. Em outros momentos, ele se adiantava como que se estivesse desacompanhado. Fiquei admirado com aquele cuidado dele e deixei-me envolver pela cena de carinho e companheirismo, até que em um determinado momento, percebi que ele olhou para ela e disse: "Anda logo pamonha."

Aquilo mexeu muito comigo. Tanto pela grosseria dele em si, quanto pela frustração de ter me sentido enganado pela minha percepção. Quando vi, eu já estava ao lado dele. Olhei firmemente nos olhos daquele senhor e perguntei: "E aí, e o senhor, o senhor gosta de quê? Qual o seu sabor preferido de pamonha? Pamonha doce? Pamonha salgada?" Ele olhou envergonhado para mim e não foi capaz de dizer uma única palavra. Nem precisava. Aquilo tudo falou muito mais ao meu coração do que qualquer justificativa ou desculpa que ele pudesse me apresentar.

Fiquei parado observando os dois se distanciarem dentro de um padrão em que a vida os colocou. Fiquei ali pensando como, muitas vezes, a velhice vai nos impedindo de dar passos longos, passos físicos, mas também passos na vida. Fiquei pensando como as pessoas idosas, em sua grande maioria, sofrem. Fiquei parado imaginando as coisas terríveis que elas escutam de estranhos, dos netos, dos filhos, dos companheiros. Fiquei pensando nas pessoas que são incapazes de amar aqueles que têm tanto para nos ensinar.

Fiquei olhando aquilo e refletindo, não só sobre a opressão que parte dos mais jovens para os mais velhos, mas na facilidade com que aquele homem estava jogando fora seus melhores sentimentos, que um dia os uniu. Fiquei tentando imaginar quanto tempo eles tinham vivido juntos e como, depois de tanto tempo, ele era capaz de dizer "anda logo" a ela, sem respeitar o tempo do outro, sem respeitar o caminhar lento do outro, sem respeitar as dores que o outro traz no corpo como peso das marcas da própria história, da própria vida.

Diante de tudo isso, é impossível não percebermos que os idosos precisam ser cuidados, precisam ser amados. E nós, assim como aquele homem, temos uma impaciência enorme. Como padre, conheço, e sei que você também conhece, realidades em que pessoas mais jovens vivem do trabalho e dinheiro dos idosos, que por eles são maltratados. Olhando para tudo isso, percebemos que tudo o que Deus pede para cada um de nós é que saibamos valorizar aqueles que um dia deram toda a sua juventude para que pudéssemos gozar de um futuro.

Quando olhava para aquele casal de idosos, eu não apenas os observava, mas rezava e pensava em tantas pessoas que passam pela mesma realidade, pessoas que ouvem gritos em vez de palavras, pessoas que são deixadas de lado.

Aquela senhora de cabelos brancos não disse nada, apenas sorriu e continuou a caminhar. Acredito que Deus se comporta de outra forma quando não conseguimos caminhar no tempo d'Ele. Ele espera. Ele não grita. Ele simplesmente para e diz: "Pode vir, filho." Eu não sei quem são seus avós, tampouco quem são as pessoas idosas com quem você convive, mas a única certeza que eu tenho é de que, se formos agraciados, cada um de nós passará por essa realidade. Não tenha pressa ao esperar quem não consegue dar os mesmos passos que você.

ORAÇÃO DO IDOSO

Senhor Jesus, eu quero dizer neste momento que são bem-aventurados aqueles que compreendem os meus passos vacilantes e as minhas mãos trêmulas.

Bem-aventurados os que levam em conta que os meus ouvidos captam as palavras com dificuldade e, por isso, procuram falar comigo mais alto e pausadamente.

Bem-aventurados os que percebem que meus olhos já estão nublados, e que as minhas reações são lentas.

Bem-aventurados os que desviam o olhar, simulando não terem visto o café que por vezes derramo sobre a mesa.

Bem-aventurados os que sorriem e conversam comigo.

Bem-aventurados os que nunca me dizem "você já me contou isso tantas vezes".

Bem-aventurados os que me ajudam com carinho a atravessar a rua.

Bem-aventurados os que me fazem sentir que sou amado(a) e não estou abandonado(a), tratando-me com respeito.

Bem-aventurados os que compreendem quanto me custa encontrar forças para aguentar a minha Cruz.

Bem-aventurados os que amenizam os meus últimos anos sobre a terra.

Bem-aventurados todos aqueles que me dedicam afeto e carinho, fazendo-me assim pensar em Deus. Quando entrar na eternidade, lembrar-me-ei deles junto ao Senhor.

Bem-aventurados aqueles que amam seus avós.

Bem-aventurados aqueles que tratam com dignidade cada um dos nossos idosos, assim como eu.

Bem-aventurados aqueles que percebem que a velhice não é um peso, mas é um sinal da graça que vem do Senhor.

Abençoa, Senhor, a mim, a tantos avós, abençoai a cada um de nós. Abençoa aqueles de idade avançada que tanto tem a ensinar. Abençoa-nos e santifica-nos, para que possamos experimentar a graça que vem da Tua eterna benevolência.

Por Cristo, nosso Senhor.

Amém.

NAS MÃOS DE NOSSA SENHORA
VAMOS COLOCANDO TUDO AQUILO
QUE SOMOS E TUDO AQUILO
QUE TEMOS, PODENDO ASSIM
EXPERIMENTAR O ATO DE
"SENTIR-SE INTEIRO"
NA GRAÇA DE DEUS.

CAPÍTULO 10

O poder da intercessão de Maria

Estamos sempre à procura da perfeição. Vivemos sempre buscando algo e nos queixando daquilo que não acontece como esperávamos. Muitas vezes, nos perdemos tanto nessa busca que deixamos de enxergar as maravilhas que Deus faz na nossa vida, porque estamos focados naquilo que Ele ainda não fez, ou fez de uma forma que não esperávamos. Porém, é na simplicidade daquilo que está à nossa volta que vamos sendo tocados pela experiência profunda do derramamento da graça de Deus na nossa história. A parte d'Ele é derramar abundantemente as Suas bênçãos e graças. A nossa parte é nos colocar em Suas mãos.

Para sermos inteiros, a única coisa necessária a fazer é nos entregar nas mãos do Senhor. O ato de "sentir-se inteiro" nasce de uma entrega profunda. Para uma vida plena e feliz, é preciso se entregar a tudo o que Deus propõe para a nossa realidade. Quem não faz essa experiência nunca consegue absorver a graça que vem do Senhor, porque está sempre esperando pelo o que há de vir. É preciso ter coragem e força para não pararmos diante das tribulações, das nossas limitações e das nossas angústias. Se não orarmos e vigiarmos, os obstáculos do dia a dia serão o grande empecilho a um encontro verdadeiro com Deus.

A intimidade com Nossa Senhora nos ajuda sempre a fazer a experiência da gratuidade. Falo gratuidade porque a graça de Deus é, literalmente, de graça. E Sua misericórdia é tão grande, que Ele nos concede uma intercessora capaz de nos aproximar de Seu coração misericordioso. Aqueles que se colocam no colo de Maria compreendem aquilo que Deus pode fazer. Nas mãos de Nossa Senhora colocamos tudo aquilo que somos e tudo aquilo que temos, podendo, assim, nos sentir inteiros na graça de Deus. Foi assim que aconteceu na vida de um menina com uma fé imensa na intercessão de Maria.

Em uma das visitas que costumo fazer, estive no Hospital da Criança, em Goiânia. Fui visitar uma menina que estava com câncer e, por causa da doença, teve a mão amputada. Quando entrei no quarto, ela estava brincando com os dois braços, sorrindo o tempo inteiro. Ela balançava os braços como se estivesse encantada com uma nova descoberta, mas o que me chamou atenção foi o sorriso que ela trazia no rosto. Ela brincava, sorria e olhava para a mãe, que chorava compulsivamente.

Eu olhei para ela e perguntei: "Como é que você está?" Ela disse: "Eu estou bem, padre. Estou aqui brincando, estou fazendo um monte de coisas." Aí ela olhou para mim e disse: "Você já viu a minha mãe? Ela não para de chorar um minuto. Padre, a minha mãe chora tanto, ela chora aqui, de repente, ela vai ao banheiro e eu sei que ela está chorando o tempo inteiro." Parei, olhei para ela e perguntei: "Por que você acha que a sua mãe está chorando?" Ela disse: "Sabe por quê, padre? Porque ela acha que eu vou morrer, ela acha que eu vou morrer. Olha aqui a minha mão, cortaram a minha mão, mas eu tenho a outra."

Fiquei com aquilo no coração. Aquela menina era inteira, mesmo que lhe faltasse uma das mãos. Sabe que é justamente isso que muitas vezes nós vamos percebendo ao longo da nossa história? O "sentir-se inteiro" não está em ser completo e não ter nenhum problema, não ter nenhuma dificuldade, em não passar por nenhuma tribulação, mas na forma como enxergamos a nossa vida. Aquela menina, mesmo sem uma das mãos, compreendia que estava inteira diante de Deus.

Conversamos um pouco e comecei a rezar por ela. Até que ela me interrompeu e disse: "Padre, o senhor poderia falar para a minha mãe parar de chorar?" Eu perguntei: "Mas por que você quer que eu fale para a sua mãe parar de chorar? Você sabe por que ela está chorando, não sabe?" Ela disse: "Eu sei, mas eu já falei pra ela. Eu já falei que Nossa Senhora, aquela que fica com as duas mãozinhas levantadas para o alto, já me curou. Eu não tenho mais uma mão, mas Nossa Senhora tem as duas e Nossa Senhora já me curou."

Naquele momento, eu parei e fiquei olhando para aquela menina e eu disse para a mãe dela: "Agora sim começa a graça na vida da sua filha." Ela retrucou: "Padre, o senhor não sabe a nossa luta, a nossa dificuldade. Se fosse só a mão dela, estava bem, mas o câncer já tomou conta dela por inteiro. Só estamos aliviando sua dor, porque a gente sabe que ela não vai mais ficar com a gente, e é tão doído, padre." Eu perguntei: "Você não tem fé? Você não ouviu o que a sua filha acabou de dizer? Pare de chorar. Ela disse que Nossa Senhora, aquela que está com as mãos levantadas para o alto, que é Nossa Senhora da Assunção, já está curando-a. Coloque tudo na presença de Deus.

Deixe Deus fazer tudo da forma como Ele quer e confie na intercessão de Nossa Senhora." Ela disse: "Ah, padre, não adianta o senhor falar tudo isso. O senhor está falando tudo isso, mas dentro do meu coração eu já sei que isso não vai acontecer." Insisti mais uma vez: "A sua filha já está sendo curada, filha." E ela disse: "Mas como, padre?" A minha resposta foi: "Só reze, reze o terço, coloque a sua filha na oração do terço a cada dia."

Continuei a minha caminhada e acabei me esquecendo desse momento. Tempos depois, eu estava na paróquia, em oração, quando recebi um telefonema da mãe da menina. Ela disse: "Padre, nós fizemos todos os exames e não tem nada, nada, nada, nada."

Em uma das Missas da Misericórdia realizadas, na paróquia, mãe e filha estavam presentes, e a menina decidiu dar o testemunho da graça recebida. Ela era tão pequena que precisou subir na parte de cima do presbitério e, quando estava lá em cima, ela levantou o braço e disse para a assembleia: "Eu não tenho essa mão." Então, ela olhou para a imagem de Nossa Senhora da Assunção e falou: "Mas ela, com as duas mãos, me levou até o coração de Jesus."

Sabe, às vezes, diante de todas as nossas limitações, diante de todas as nossas angústias, é isso que Deus faz. Deus nos quer por inteiro. Deus quer transformar nossa vida, nosso coração. Aquela menina compreendeu que, aos olhos de Deus, mesmo sem ter uma mão, ela era inteira. Ela poderia ter se tornado uma pessoa que atrai olhares de piedade, mas não, era um retrato de uma alegria muito grande. E ainda olhou para a mãe e disse: "Eu falei, mãe, que a senhora não precisava chorar mais porque ela, Nossa Senhora, já me curou."

ORAÇÃO À NOSSA SENHORA DA ASSUNÇÃO

Ó dulcíssima soberana, Rainha dos Anjos, bem sabemos que, miseráveis pecadores, não somos dignos de Vos possuir neste vale de lágrimas, mas sabemos também que a Vossa grandeza não Vos faz esquecer a nossa miséria e, no meio de tanta glória, a Vossa compaixão, longe de diminuir, aumenta cada vez mais para conosco. Do alto desse trono em que reinas sobre todos os anjos e santos, volvei para nós os Vossos olhos misericordiosos; vede a quantas tempestades e mil perigos estaremos, sem cessar, expostos até o fim de nossa vida!

Pelos merecimentos de Vossa bendita morte obtende-nos o aumento da fé, da confiança e da santa perseverança na amizade de Deus, para que possamos, um dia, ir beijar os Vossos pés e unir as nossas vozes às dos espíritos celestes, para louvar e cantar as Vossas glórias eternamente no céu.

Assim seja.

ESQUECEMOS DE REAFIRMAR
PARA NÓS MESMOS QUE
AO NOSSO LADO SÓ DEVEM ESTAR
AQUELES QUE SE TORNARAM
DIGNOS DESSE PRIVILÉGIO.

CAPÍTULO 11

Lugar sagrado

Aprendemos com os mais velhos algumas lições que só eles, no alto da serenidade, são capazes de nos ensinar. O ato de envelhecer é um dos muitos mistérios insondáveis de Deus. Aos poucos, dia após dia, experiências após experiências, aqueles que envelhecem na presença de Deus vão se tornando fonte de sabedoria. A velhice, quando acolhida por aquele que envelhece, modifica a vida dos que estão por perto. Por mais que nos esforcemos, enquanto ainda somos jovens, não conseguimos enxergar aquilo que só os mais velhos são capazes de contemplar.

Em uma visita que fiz a um casal de idosos, vivi mais uma vez a certeza de que envelhecer é uma dádiva de Deus. Fui à casa deles e deparei-me com os dois sentados lado a lado em duas cadeiras. Assim que passei pela porta, fui tocado por aquela cena de ternura, cuidado e carinho. Por um instante, esqueci-me da idade e da fragilidade que aparentavam ter. O que vi foi apenas um casal que parecia não ter percebido que o tempo havia passado.

Olhei para o senhor e disse: "Eu quero sentar aí na sua cadeira. Deixe-me sentar na cadeira do senhor. O senhor se senta aqui e eu me sento aí." Ela olhou para mim e respondeu por ele. Sem pudor, ela me disse: "De jeito nenhum, padre." Fiquei surpreso, meio sem jeito. Acredito que deixei transparecer o meu susto. Foi a primeira vez que alguém me disse "não" daquela forma, sem meias palavras.

Fiquei intrigado e quis saber o motivo. Perguntei: "De jeito nenhum? Por quê, minha santa?" Ela respondeu apontando para a cadeira: "Porque este lugar é dele. Este lugar é dele e ninguém se senta aí, padre. É dele, só dele." Permaneci parado por alguns minutos contemplando algo que há muito tempo eu não via. Pensei rapidamente que eu era um privilegiado em perceber que naquele lugar o tempo parecia não ter passado. Pensei na importância em sabermos identificar o verdadeiro lugar que cada pessoa ocupa na nossa vida.

Aquela senhora, com uma sinceridade peculiar, mostrou-me naquele instante que eu não podia me sentar naquela cadeira, porque ela já estava ocupada por alguém que ela amava, alguém que ela respeitava por tudo que havia sido, durante toda uma vida. Voltei a olhar para a cadeira e percebi que eu não era digno de ocupar aquele lugar, não por se tratar de uma cadeira, mas por se tratar do lugar reservado para alguém com quem ela tinha vivido inúmeras experiências.

Sem opção e convencido de qual era o meu lugar, fiquei onde estava. Conversamos até que ele se levantou para ir ao banheiro. Não pensei duas vezes e sentei-me na cadeira dele. Tudo o que eu queria era ver qual seria a reação daquela mulher. Segurei a mão dela e vivemos o nosso momento de intimidade em oração. Minutos depois, ele saiu do banheiro e veio em nossa direção arrastando os pés. Quando ele se aproximou, ela disparou "Pode levantar, padre. Ele já chegou." Novamente, ela me surpreendeu.

Na nossa vida, inúmeras vezes, não temos a decência e a coragem daquela mulher. Vamos trazendo pessoas para perto e insistindo que elas ocupem o lugar que pertence ao outro.

Esquecemos de reafirmar para nós mesmos que ao nosso lado só devem estar aqueles que se tornaram dignos desse privilégio. Devemos pensar assim não porque nos julgamos melhores do que os outros, mas porque não podemos preferir uma cadeira ocupada por qualquer pessoa a uma cadeira vazia, mesmo que seja por muito tempo.

Nos lugares nobres do nosso coração, só podem se sentar aqueles que nos tocam profundamente. A nossa intimidade, o nosso melhor, não pode e não deve ser tratado como uma hospedaria por onde as pessoas passam e seguem seus caminhos. Temos que cultivar um lar com relacionamentos duradouros, respeitosos e corajosos, como o relacionamento daquele casal.

O que vivi naquele dia também me fez pensar que não podemos querer nos sentar na cadeira do outro. Não podemos querer o espaço que o outro conquistou na vida de quem ama e que o ama também. A nossa luta pela felicidade deve ser pautada em procurar o lugar que nos pertence, e não tomar aquilo que já possui dono. Quando nos empenhamos em conquistar nosso verdadeiro espaço, não precisamos esperar que alguém se levante.

Seremos convidados a nos sentar, a permanecer por perto e teremos a certeza de que não seremos substituídos quando, aparentemente, já não tivermos mais o valor de antes.

ORAÇÃO POR AQUELES QUE AMAMOS

Senhor Jesus, Te louvo e Te bendigo por cada pessoa que o Senhor colocou em meu caminho e que cativou o meu coração e a minha alma. Quero, neste momento, colocar em Teu sagrado coração misericordioso cada pessoa que fez e faz diferença na minha vida e na minha caminhada de conversão e santidade.

Quero pedir perdão pelas vezes em que eu não valorizei aqueles que eu amo da forma como o Senhor esperava que eu fizesse. Quero pedir perdão pelas vezes em que eu banalizei a minha vida, permitindo-me ser influenciado(a) pelas más companhias e pelas más condutas.

Perdoa-me, Senhor, por tantas vezes não ter sido um bom ouvinte, um(a) bom(boa) conselheiro(a) ou por ter perdido a paciência com aqueles que amo. Ajuda-me, Senhor, a zelar pelas pessoas que o Senhor colocou na minha vida como parceiros de jornada. Não permite, Senhor, que a ingratidão e a indiferença tomem conta do meu coração, quando eu estiver diante daqueles que já não possuem mais o mesmo vigor de antes.

Quero, Jesus, cultivar relações verdadeiras e puras ocupando na vida das pessoas o lugar que me cabe. Preciso da Tua ajuda para me perseverar na busca pelo meu espaço, sem desrespeitar relacionamentos alheios nem cobiçar aquilo que não me pertence.

Dá-me a graça de envelhecer na Tua presença, sendo valorizado(a) e valorizando os que me cercam. Assim seja.

Amém.

VAMOS ADIANDO O QUE É PLANO DIVINO PARA AS NOSSAS VIDAS QUANDO, ATRAVÉS DA GRAÇA QUE VEM DO ESPÍRITO SANTO, SERIA MUITO MAIS FÁCIL FAZERMOS AQUILO QUE DEUS NOS PEDE.

CAPÍTULO 12

Tocando feridas

Pelo menos uma vez na vida, já nos pegamos dizendo que Deus parecia estar distante de nós. Posso garantir que cometemos uma injustiça. Ele nunca se distancia nem se ausenta. Ele está sempre no meio de nós e nos dá provas da Sua existência a todo instante. Deus nos quer bem, nos ama, nos alenta com a Sua paz e nos convida cada dia para um encontro com Ele. Talvez não sejamos atentos o suficiente para perceber como Ele age.

Em uma quarta-feira, Deus agiu mais uma vez na minha vida e levou-me a um encontro com Ele através de outra pessoa. Fui à casa de um senhor chamado Joaquim. Uma casa modesta, ocupada por um homem dono de um coração enorme. Uma menina de mais ou menos seis anos recebeu-me e levou-me até o avô, que estava deitado com as pernas cobertas por um lençol.

Entrei, cumprimentei-o e perguntei como ele estava se sentindo. Ele me respondeu: "Ah, padre, eu estou bem, graças a Deus. Só fico aqui deitado na cama. Já faz tempo que estou aqui." Quis saber o que estava acontecendo, e ele me disse: "Sabe, padre, eu tenho uma ferida enorme na perna e está cheia de bichos, muitos bichos." Tentei confortá-lo. "Não, filho, não fique assim. Às vezes isso acontece mesmo. Às vezes a gente tem bichos na vida, no corpo, na alma, no coração." Ele me olhou e falou: "Não é disso que eu estou falando, padre." E então puxou o lençol.

Havia uma ferida muito grande e em cima dela vários bichos andando. Eu olhei assombrado para aquilo e percebi que, além da aparência assustadora, havia um mau cheiro insuportável. Fiquei parado enquanto perguntava: "Meu Deus, o que é isso?" Não sabia o que falar. O que vinha no meu coração era apenas: "Aqui existe uma maldição profunda." Olhei nos olhos do seu Joaquim e falei: "Vamos rezar."

Estendi as mãos sobre ele na direção daquela ferida. Enquanto rezava, escutava dentro do meu coração Jesus simplesmente dizendo: "Coloque a mão na ferida", e, no meu íntimo, respondia: "Jesus, não consigo, não posso." Quanto mais eu me negava, mais aquela ordem vinha com força no meu coração. Jesus repetia: "Coloque a mão na ferida." Desci as minhas mãos e aproximei-me um pouco mais, porém, não consegui fazer o que Jesus pedia. A voz d'Ele insistia. Desci mais ainda e fui quase encostando as mãos sobre o machucado e os bichos. Em nenhum momento deixei de relutar e de dizer a Jesus: "Não consigo, não posso."

O que Ele me pedia era claro, não deixava dúvidas. No entanto, não fui capaz de obedecê-Lo. Fui simplesmente vencido pelo meu lado humano. Isso acontece inúmeras vezes nas nossas vidas. Sabemos o que fazer, mas não temos coragem para ousar. Talvez o que nos impeça é que sabemos que tocar na ferida não é a parte mais difícil. O complicado é termos a capacidade para curar aquilo que machuca o outro e que nos foi confiado por Deus. Por isso, vamos adiando o que é plano divino para as nossas vidas quando, através da graça que vem do Espírito Santo, seria muito mais fácil fazermos aquilo que Deus nos pede.

Eu estava ali parado com as mãos estendidas resistindo à minha missão quando, de repente, a menina se aproxima, empurra a minha mão dentro da ferida, me olha e pergunta: "O senhor não está vendo que é para colocar a mão?" Fiquei olhando para ela e pensando como eu pude ter ficado parado na minha desobediência, e como pôde aquela criança ter agido com tamanha ousadia.

O que Deus espera de nós é que façamos como aquela menina. Ele espera que sejamos ousados. Ele quer que paremos de nos conformar com aquilo que não está bom, mas que damos por resolvido. Quando eu coloquei as mãos naquela ferida, quando eu senti aqueles bichos andando entre as minhas mãos e a perna do seu Joaquim, consegui enxergar apenas a imagem de Jesus tocando as pessoas sem qualquer receio de Se contaminar. Naquele momento, senti que era a graça de Deus que tomava conta daquele lugar. Não era mais algo entre mim e o seu Joaquim. Era entre Deus e nós.

Fui embora e fiquei com aquela cena e um questionamento na cabeça que não me deixava em paz. "Por que eu não fiz imediatamente o que Deus me pediu?" Refletindo, reconheci a coragem da menina que venceu o meu medo e agradeci a Deus por ela estar ao meu lado e ter feito o que era preciso naquele momento.

No dia seguinte, fui novamente à casa do seu Joaquim. Quando ele me viu, disse: "Estou bem melhor, padre, vem aqui para o senhor ver uma coisa." Ele levantou o lençol e me mostrou que não havia um bicho sequer sobre a perna dele. Pude ver com os meus próprios olhos que o que Deus me pedia tinha um propósito, como tudo o que Ele nos pede, por mais estranho que possa parecer.

ORAÇÃO

Senhor Jesus, fonte de misericórdia plena, eu Te peço neste momento que nos ajudes a dar respostas concretas àquilo que o Senhor nos pede. Eu Te peço, neste momento, Jesus, que nos dês a ousadia necessária para sairmos da nossa comodidade.

Eu Te peço, Senhor, que venhas tocar as nossas feridas, dores e angústias. Clamo para que o Teu toque de amor nos devolva a capacidade de enxergar aquilo que não conseguimos ver. Arranca das nossas vidas todos os "bichos" que nos impedem de ir ao Teu encontro.

Livra-nos de tudo o que corrompe a nossa carne, a nossa alma e o nosso espírito. Mais uma vez, Te peço que nos livres do que nos impede de darmos respostas concretas de amor à Tua presença.

Por Cristo, Senhor nosso.

Amém.

NOSSAS MÃOS REVELAM
AQUILO QUE SOMOS.
ELAS SIMPLESMENTE NÃO
PODEM SER MAQUIADAS
E NOS DESNUDAM DIANTE
DA NOSSA REALIDADE.

CAPÍTULO 13

O encontro de duas mãos

Às vezes, tudo o que a gente precisa é de alguém que simplesmente toque a nossa vida de forma especial. Temos essa necessidade de nos sentir acolhidos e muitas vezes provocados por verdades que podem transformar a nossa realidade. Todos os dias somos tocados, ora por palavras, ora por gestos, ora por algo que lemos e que tem a capacidade de nos inquietar. Quando isso acontece, somos convidados a olhar ao mundo e a nós mesmos de uma maneira diferente. Quem de nós nunca ouviu ou leu algo que parecia despretensioso, mas que nos fez parar e repensar o que somos e como vivemos? Cada toque, cada provocação, não importando como nos alcança, possui a capacidade de penetrar as nossas almas. As mãos, de forma especial, têm esse poder.

Durante uma visita, conheci um casal que vai morar na minha memória e no meu coração para sempre. Foi mais uma visita a uma pessoa acamada, e mais uma vez o meu encontro se deu com a pessoa adoentada e alguém que se dispunha a zelar por ela. Quando cheguei, percebi alguns movimentos que são normais todas as vezes que inicio uma visita. As pessoas notam a minha presença, me cumprimentam e, aos poucos, vamos buscando intimidade.

Daquela vez não foi diferente. Os primeiros momentos do nosso encontro foram iguais a tantos outros, mas uma coisa despertou a minha atenção. Então, virei-me para a senhora que estava ao lado do leito do marido e perguntei: "Por que a senhora segura o tempo todo nas mãos do seu marido, que está inerte em cima dessa cama?" Imediatamente, ela começou a chorar e, em meio às lágrimas, me respondeu: "Porque, padre, quero que ele saiba que eu estou aqui, que eu não o deixarei. Faço isso para que ele não tenha medo."

A resposta daquela senhora gritou dentro do meu coração. Ela me disse, em outras palavras, que necessitamos de pessoas que segurem as nossas mãos, que nos mostrem caminhos, que nos tragam sentimentos de segurança e de paz, que naturalmente façam com que nos sintamos amados. Isso nos faz parar e refletir sobre as muitas mãos que já se encontraram com as nossas.

Quais são as pessoas que têm segurado as suas mãos? Quais são as pessoas que as soltaram e nunca mais as seguraram de volta? Quais são as mãos que o motivam a apertá-las e a não querer soltá-las? Quais as mãos que você abandonou pelo caminho?

Precisamos de mãos que acariciem a nossa alma, de mãos que nos conduzam à descoberta das verdades que gritam dentro de nós. Aquela senhora em momento algum deixou de segurar as mãos do marido, porque ela era impulsionada pelo amor cultivado entre os dois. Aquelas mãos representavam dois corações que tinham suportado todas as dores do tempo. E, quando o amor suporta as dores do tempo, nos tornamos capazes de segurar as mãos que amamos, e nunca mais soltá-las.

Pare por um instante e olhe para as suas mãos. Olhando para as nossas mãos, notamos que elas não escondem as marcas do tempo. Elas revelam aquilo que somos. Elas simplesmente não podem ser maquiadas e nos desnudam diante da nossa realidade. Mãos trabalhadoras, calejadas, carinhosas, acolhedoras, ásperas, macias ou caridosas. Não importa como são. Não adianta tentarmos escondê-las. Elas revelam o que trazemos na alma e funcionam como uma extensão daquilo que queremos dar ao outro.

Também são elas que se unem em oração, trabalham arduamente no propósito da caridade e nos ajudam na busca do pão nosso de cada dia. Pedimos que Deus abençoe o fruto do trabalho de nossas mãos. Precisamos também aprender a pedir que Ele as torne verdadeiros instrumentos de generosidade, cumplicidade, amor e respeito à vida daqueles que amamos. Afinal, como diz uma famosa canção, "sempre fica um pouco de perfume nas mãos que oferecem rosas".

ORAÇÃO

Senhor Jesus, dá-nos a graça de termos mãos que toquem os corações, mãos capazes de ajudar o outro a encontrar o Teu caminho.

Quero, Jesus, ter mãos que, com um toque suave, curem feridas que o tempo tratou de abrir. Senhor, dá-nos mãos que nos conduzam ao melhor de nós mesmos e ao melhor do outro. Dá-nos mãos,

Senhor, que não roubem a paz. Ajuda-nos, Senhor, a nos afastar das mãos que nos ferem, nos aprisionam e nos tiram a leveza de ser aquilo que somos.

Eu Te peço mãos que, ao tocarem o outro, revelem um pedacinho de nós e da Tua presença em nossas vidas. Permite-nos, Senhor, a experiência de apertos de mãos que nos lembrem que a vida é um constante revelar da Tua presença no meio de nós. Que as Tuas mãos ensanguentadas, Jesus, nos ajudem a ver a beleza da Tua graça e da Tua presença.

Amém.

A PENITÊNCIA É MUITO MAIS DO
QUE UM SACRIFÍCIO.
É A GRANDE OPORTUNIDADE DE
TRANSFORMAÇÃO VERDADEIRA
E IRRESTRITA DE NÓS MESMOS E DAS
NOSSAS REALIDADES.

CAPÍTULO 14

Aos pés da Cruz

O período da Quaresma nos traz a oportunidade de uma conversão profunda através de uma penitência capaz de transformar a nossa vida. Porém, é preciso entender que a Quaresma não é o momento de oferecer a Cristo somente a dor que a penitência nos causa. Trata-se de algo ainda mais profundo. É preciso saber oferecer também a alegria que trazemos no coração diante da certeza de que Ele nos ouve e acolhe o nosso clamor.

Era Quarta-Feira de Cinzas. Antes da celebração, conversei com um grupo de pessoas sobre a importância de fazer uma penitência nos próximos quarenta dias. Comecei dizendo que cada um de nós deveria pensar sobre isso e decidir-se sobre a possibilidade de viver essa experiência de fé. Todas as vezes que toco nesse assunto, percebo que muita gente acredita que a penitência é algo que nos faz sofrer profundamente e que esse é o único objetivo que se deve buscar ao fazê-la. Nada disso é verdade. A penitência não nos leva ao sofrimento. Ao contrário, nos leva à libertação. Ela nos faz compreender que somos capazes de vencer os nossos medos, as nossas paixões, os nossos desejos.

Conheço muitas pessoas que fazem penitências. Algumas fazem mais de uma ao mesmo tempo. Deixam de beber refrigerante, não comem carne, mudam hábitos do dia a dia. Não importa exatamente o que deixamos de fazer, o que importa é sabermos por qual motivo a penitência está sendo realizada. O que Deus espera de nós é uma penitência que parta do fundo dos nossos corações, porque só assim o nosso sacrifício poderá se tornar expressão de graça nas nossas vidas. É essa lição que um menino de seis anos me ajudou a compreender.

Antes de começar a celebração de cinzas, o menino, que estava no grupo que escutava o que eu dizia sobre a Quaresma, me perguntou: "Padre, eu também tenho que fazer uma penitência?" Respondi: "Todo mundo tem." Pelas normas canônicas, aquele menino não precisaria fazer penitência, mas ele me perguntou com tanta fé que eu julguei que ele estava preparado para aquela experiência, então, eu expliquei: "Você pode e precisa fazer, meu filho." Ele me olhou e perguntou: "Padre, se eu fizer, eu vou conseguir aquilo que eu quero?"

O que aquele menino queria saber é algo que inquieta muitos corações. Muitas pessoas não sabem o real significado de uma penitência. Olhei para ele e expliquei: "A penitência, antes de tudo, existe para que você possa oferecer algo a Deus por alguém que você ama muito." Ele nem parou para pensar e disse com firmeza: "Então vou fazer, padre." Curioso, perguntei: "Você vai fazer uma penitência para quê, por quem?" Ele disse: "Pela minha mãe, padre. Tem um câncer no rim dela e o médico falou que ela tem que operar, então, vou fazer uma penitência bem forte para Deus tocar a mamãe."

Fiquei surpreso com a maturidade daquela criança e com a forma como ele tinha se deixado tocar pela proposta que eu havia feito. "Então, faça", disse a ele. "Coloque tudo no coração de Deus e deixe Deus agir na sua vida." Ele me interrompeu e falou: "Já sei qual penitência vou fazer! Eu vou deixar de jogar videogame, que é a coisa que eu mais gosto." Passei a mão na cabeça dele e fui celebrar a missa.

Depois da celebração, fui à minha sala. Em uma das paredes tenho um grande crucifixo. Quando olhei para a cruz, percebi que embaixo dela estava o videogame daquele menino. Aquilo me tocou profundamente, porque eu sabia que, mesmo tão jovem, ele tinha entendido que era preciso entregar tudo diante da Cruz.

Temos que ter a coragem de deixar tudo nos pés da Cruz de Jesus, e, quando somos capazes de fazer isso, podemos perceber que Deus vai agindo na nossa vida e transformando a nossa história. Quando agimos assim, aquilo que nos machuca vai sendo restaurado, vai sendo santificado, e tudo vai sendo simplesmente resgatado pelo poder que vem de Deus. Quando temos coragem de entregar a Ele aquilo que nos oprime, o impossível acontece em nossas vidas.

A chance que temos de entregar tudo a Deus é o primeiro passo para a nossa restauração. Dom Helder Câmara dizia que não há penitência melhor do que aquela que Deus coloca em nosso caminho. Por isso, reafirmo que a penitência é muito mais do que um sacrifício. É a grande oportunidade de transformação verdadeira e irrestrita de nós mesmos e das nossas realidades.

A inocência de um menino de seis anos me ensinou, naquela Quarta-Feira de Cinzas de

2015, que cada penitência só tem sentido se depositada diante da Cruz do Senhor. O que ele fez fortaleceu ainda mais o sentido da penitência que eu me propus a fazer naquela Quaresma.

Três semanas e um dia depois, recebi a visita do menino logo após a Missa da Misericórdia. Ele me procurou e perguntou: "Padre, cadê o meu videogame?" Eu respondi: "Não sei, meu filho, mas quando a gente entrega uma coisa para Deus, a gente não pode pedir de volta." Ele balançou a cabeça dizendo: "Eu não quero meu videogame de volta. Eu vim aqui mostrar a minha mãe para o senhor. Eu nunca mais quero o meu videogame. Deus curou a minha mãe."

A mãe dele se aproximou e falou: "Padre, eu não sei o que aconteceu, mas desde a Quarta-Feira de Cinzas a minha vida foi mudando. Eu estava doente, mas agora eu não tenho mais nada. Eu estou com os exames para o senhor ver." A mãe ficou sabendo da penitência do filho algum tempo depois daquela Quarta-Feira de Cinzas. A iniciativa de fazer um sacrifício pela saúde da mãe partiu somente dele. Foi uma atitude solitária, corajosa e carregada de fé. Uma atitude que nos inspira e não nos deixa esquecer qual é único lugar onde devemos depositar a nossa esperança.

ORAÇÃO

Senhor Jesus, diante da Tua Cruz eu quero entregar a minha vida, o meu coração e a minha história. Senhor Jesus, diante da Tua Cruz eu quero entregar aquilo que eu não posso fazer. Diante da Tua Cruz eu quero entregar todas as minhas preocupações, todas as minhas angústias, todo o meu choro.

Diante da Tua Cruz eu quero entregar tudo o que trago no coração, porque na Tua dor a minha dor é amenizada. Quero entregar tudo ao Senhor porque, diante da Tua entrega, a minha entrega pode ser tão profunda e tão bonita.

Diante da Tua Cruz, Jesus, eu simplesmente Te peço que toques o meu coração, que toques a minha vida, que toques as pessoas que ainda precisam compreender que é carregando a Cruz que a graça nos é concedida.

Ajuda-os, Senhor, a entender que é carregando as Cruzes do dia a dia que podemos experimentar o amor que não tem fim. Por todas essas certezas, Senhor, é que eu entrego agora a minha morte para poder ressuscitar Contigo.

Quero que a minha vida se transforme em um sinal de gratuidade e que o Senhor, com a Tua misericórdia, pegue em Tuas mãos tudo aquilo que eu sozinho não posso fazer e, então, faça por mim. Por Cristo, Senhor Nosso.

Amém.

SOBRE OS AUTORES

PADRE MARCOS ROGÉRIO DE OLIVEIRA é sacerdote da Congregação São Pedro Ad Vincula. Graduado em filosofia e teologia e mestre em liturgia pelo Instituto Superior de Liturgia de Barcelona, na Espanha.

Atualmente é pároco da Comunidade Nossa Senhora da Assunção, em Goiânia.

ANGÉLICA LEIVA é paulistana, católica, casada e mãe de duas filhas.

Graduada em jornalismo, atuou em jornais e emissoras de rádio. Mora em Goiânia desde 1993 e atualmente se dedica com exclusividade ao trabalho de evangelização.

Publisher
KAÍKE NANNE

Editora executiva
CAROLINA CHAGAS

Coordenação geral
MARISTELA CIARROCCHI

Coordenadora de produção
THALITA ARAGÃO RAMALHO

Produtora editorial
JACIARA LIMA

Preparação de originais
RAFAEL SURGEK

Revisão
ANNA CAROLINA CARAMURU
SAMUEL GONÇALVES

Diagramação
TYPOSTUDIO

Capa
MAQUINARIA STUDIO

Este livro foi impresso no Rio de Janeiro, em 2015,
pela Edigráfica para a Petra.
O papel do miolo é Avena 80g/m²,
e o da capa é cartão 250g/m².